청소년을 위한 교육 예술(GA302)

Menschenerkenntnis und Unterrichtsgestaltung(GA302)

Korean translation © 2023. by Green Seed Publications

청소년을 위한 교육 예술

루돌프 슈타이너 강의 최혜경 옮김

1판 1쇄   2023년 7월 20일

펴낸이   [사] 발도르프 청소년 네트워크 도서출판 푸른씨앗

편집 백미경, 최수진, 김기원, 안빛 | **디자인** 유영란, 문서영
번역 기획 하주현 | **마케팅** 남승희, 이연정
등록번호 제 25100-2004-000002호 **등록일자** 2004.11.26.(변경 신고 일자 2011.9.1.)
주소 경기도 의왕시 청계로 189-6 **전화** 031-421-1726 **페이스북** greenseedbook
카카오톡 @도서출판푸른씨앗 **전자우편** gcfreeschool@daum.net

 www.greenseed.kr

값 20,000원
ISBN 979-11-86202-62-3 (03120)

청소년을 위한
교육 예술

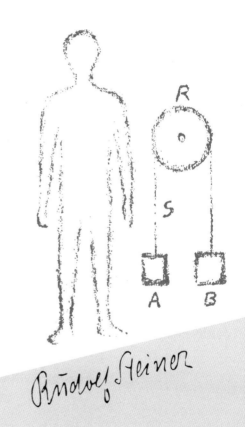

Rudolf Steiner

차례

루돌프 슈타이너의 강의록을 읽기 전에

인지학적 정신과학[01]의 근거를 형성하는 데는 양 기둥이 있다. 그 중 하나는 루돌프 슈타이너가 글로 써서 세상에 내보낸 것들이다. 이에는 처음부터 단행본으로 저술한 책 외에도 서간문과 논설문 등이 해당한다. 다른 기둥은 루돌프 슈타이너가 1900년부터 1924년 까지 신지학 협회(나중에는 인지학 협회) 회원들과 일반인들을 대상으로 한 약 6,000회의 강의 내용이다. 슈타이너 자신은 미리 쓴 원고 없이 자유롭게 강의한 내용이 활자로 인쇄되어 전파되는 것을 전혀 원하지 않았다. 슈타이너의 강의 방식을 고찰해 보면 그 이유가 분명해질 것이다. 강의란 보통 연사가 미리 정한 내용을 청중의 영적인 상태와 무관하게 전달하는 것이다. 슈타이너는 청중의 영적인 요구 사항을 직접적으로 강의에 참작했다. 청중의 '영혼생활 속에 일어나는 울림을 귀 기울여 듣고' 그렇게 '듣고 있는 것 바로 그

---

01 인지학적 정신과학_ "인간 존재 속의 정신적인 것을 우주 속의 정신적인 것으로 인도하는 인식의 길"(출처 『인지학적 기본 원칙』 GA26 정신과학은 신비주의적으로 모호하지 않고, 현대 자연과학 방법과 똑같이 완전한 의식의 명료한 사고를 통해 학문적으로 정확하게 정신세계에 접근하도록 한다.

한복판에서 생생하게 공생하는 동안 강의의 골조가 생겨났기 때문에, 그런 전후 문맥에서 시간적, 공간적으로 완전히 분리된 책은 실제 강의와 거리가 먼 것이 될 위험이 다분하다. 바로 그래서 슈타이너는 '말로 한 표현이 말로 한 그대로 남아 있기를' 바랐다. 그런데 슈타이너의 그런 바람과는 달리 세월이 흐르면서 청중이 강의 중에 받아 적은 필사본이 꾸준히 확산되었다. 게다가 그 내용이 불완전하고 심지어는 틀린 부분도 있었기 때문에, 슈타이너는 그런 필사본을 어떤 식으로든 교정해야 하는 상황에 있었고, 그 과제를 마리 슈타이너에게 맡겼다. 속기사 선택, 출판을 위한 문장 검토, 모든 원고와 필사본 관리 등의 임무를 맡은 마리 슈타이너는 후일 발행을 위한 기준 노선을 제시했다. 현재까지 루돌프 슈타이너 유고국이 다소 간의 차이가 있다 해도 그 기준에 따라 약 360권의 전집을 발행했다. 루돌프 슈타이너는 시간이 부족해 필사본 중 극소수만 교정할 수 있었다. 그러므로 강의록을 읽는 독자는 '내가 검토하지 않은 필사본에 부정확한 부분이 있으리라'는 슈타이너의 말을 반드시 염두에 두어야 한다.

일러두기

1. 각주 중 옮긴이 주를 제외한 다른 주는 모두 원서 발행자의
   주석이다.
2. 본문에서 GA는 루돌프 슈타이너 전집 목록이다.
3. 루돌프 슈타이너의 전집 목록은 푸른씨앗 홈페이지
   http://www.greenseed.kr에서 열람할 수 있다.

첫 번째 강의

1921년 6월 12일

수업에서 발달시킨 것을 어떻게 아이의 소유가 되도록 만드는가?
기억하기. 기억을 돕는 요소로서 느낌, 유머, 기대감 등
관찰 수업과 아이 스스로 활동하는 수업
단일적 유기체로서 학교
육체적인 것과 정신적인 것 함께 보기
수업의 보건적 효과

1. 사랑하는 여러분, 발도르프학교가 개교한 지 어느덧 2년이 되어 갑니다. 올가을에 개학하면 아주 중요한 학년을 신설해야 합니다.[01] 이번 강의에서는 특히 이 점을 염두에 두고 교육적, 방법론적 사항 몇 가지를 논의하겠습니다. 그런데 이것은 내일부터 다루기로 하고, 오늘 이 시간은 지난 2년간의 활동에서 나온 일종의 결과를 점검하는 데 쓰고자 합니다. 여기에서 결과라고 하는 것은 앞으로 우리가 할 일에 도움이 될 만한 여러 관점이 나올 수 있다는 의미에서입니다.

2. 오늘 논의할 내용을 오해하지 않도록 미리 주지해야 할 사항이 몇 가지 있습니다. 제가 지켜본 바로는 우리 발도르프학교가 지난 2년간 본질적으로 진보했습니다. 수업과 교육의 방법론, 방법론적 실천이 다음과 같이 말해도 될 만큼 제법 형태를 갖췄습니다. "우리 학교

---

01 개교 후 3년 차(1921년 6월 18일부터 1922년 5월 30일)를 말하며, 그 해에 10학년이 시작되었다.

교사들은 과제를 올바르게 알아보았고, 실천에 진전이 있었다. 완전히 특별하게 유익한 방식으로 목표를 이루어 냈다." 그럼에도 불구하고 더 긍정적으로 발달할 근거를 마련하기 위해 개별 사항을 짚어 봐야 합니다. 지난 2년 동안의 수업을 조망하고, 성취한 교육 결과를 우리 영혼으로 찬찬히 짚어 보면, 모두 다음과 같이 느낄 것입니다. "우리가 아이들에게 일을 했다. 그런데 그 일을 통해서 우리 자신이 더 많이 배워서 방법론을 점점 더 능숙하게 다룰 수 있게 되었다." 그러나 절실하게 아쉬운 점도 있습니다. 그것은 다음과 같습니다. 아이들에게 수업 내용을 전달하는 것은 별로 어렵지 않습니다. 문제는 아이들에게 내용을 한 순간 특정하게 이해시키는 것으로는 충분하지 않다는 것입니다. 아이들이 수업 내용을 지속적으로 소유하도록 가르쳐야 합니다. 특정 기념 행사[02]가 있을 때마다 이야기했듯이, 수업 내용이 아이의 존재 전체와 완전히 하나로 결합되어서 정말로 인생을 동반하는 것이 되도록 하지 않는

---

02 『발도르프학교에서의 루돌프 슈타이너Rudolf Steiner in der Waldorfschule, 1919년부터 1924년까지 슈투트가르트 발도르프학교 학생, 부모, 교사를 대상으로 한 강의와 기념사』 GA298을 참조하라.

다면, 우리는 모든 것을 이루지 않은 것입니다.

3. 수업은 생생하고 활기 있게 진행되어야 합니다. 이는 특정 표상, 특정 느낌, 특정 손놀림만 가르치는 데 그쳐서는 안 된다는 의미입니다. 아이 각각의 소질과 소질의 양성에 따라 생생하게 살아 있는 것과 함께 인생을 영위할 수 있도록 배려해야 합니다. 생명이 있는 존재의 구조는 성장 중인 한 점점 더 커지면서 복합적으로 발달합니다. 그와 마찬가지로 우리는 완성된 표상, 완성된 느낌, 완성된 손놀림이 아니라 계속해서 성장할 가능성이 있는 것을 가르쳐야 합니다. 그러므로 아이들에게 어떤 것을 가르칠 때 반드시 고려해야 할 사항은 그것이 현재 그대로 머물지 않고 세월이 흐르면서 함께 성장할 수 있는가 하는 것입니다. 어떤 사람이 여덟 살에 어떤 것을 배웠다고 합시다. 20년이나 30년이 지난 후에는 그것이 그 사람과 함께 성장하고 발달해서 좀 다른 것이 되어 있어야 합니다. 신체가 복합적으로 발달하다가 적정 시점에 성장이 둔화되는 것과 똑같이 어린 시절에 배운 것도 아이와 함께 변화할 수 있어야 합니다. 아이 내면에는 반드시 지속적인 생명 능력이 있는 것을 ―사망 능력이 있는 것이라 표현해도

되는 것을— 들여놓아야 합니다. 그런데 이것이 가능하려면, 우리가 가르치는 것을 아이가 자신의 소유물로 보관할 수 있어야 합니다. 이제 우리의 수업 활동 자체에서 타는 듯한 질문이 하나 생겨납니다. "어떻게 수업을 해야 그 내용이 아이의 소유물이 되어서 계속 성장하고 변화할 수 있는가?" 이에 대한 답은 보통 생각하는 것과는 완전히 다른 전제 조건에서 나옵니다.

4. 사랑하는 여러분, 교사로서 우리에게 특히 필요한 것은 정신적인 면, 영적인 면, 신체적인 면에 따라 인간 존재 전체를, 인간의 본질을, 아이의 본질을 점점 더 많이 파고들고자 노력하는 것입니다. 인간 내면에 실제로 들어 있는 것에 관해 점점 더 많이 알아보도록 노력하는 것입니다. 그러면 우리가 이러저러한 주제를 가르칠 때 아이에게서 일어나는 것에 관한 올바른 개념을 얻게 되고, 이 개념에 따라 올바른 방식으로 일할 수 있게 됩니다. 그러므로 오늘 이 시간에는 특정한 의미에서 수업과 교육에 관한 전반적인 개관을 마련하는 데 중점을 두겠습니다.

5. 그 전에 한 가지 유의할 사항이 있습니다. 인간 본질에 관한 잘못된 표상이 다양한 방식으로 세간에 횡행

한다는 것입니다. 다름 아니라 바로 교사 대부분이 다음과 같이 생각합니다. "우리는 실물을 활용하거나 설명을 통해서, 혹은 수업 중에 함께 일을 시키면서 아이들에게 어떤 것을 전달한다. 그런 식으로 특정 손놀림, 표상, 느낌을 가르치면 아이들이 그것을 그대로 보존한다." 사실은 그렇지 않습니다. 역사나 문학사, 산수, 지리 등에서 생겨난 특정 표상을 가르치면 아이가 그것을 보존하고, 아이가 자신의 내적, 영적인 소유물로 만들 것이라고 보통 생각합니다. "아이에게 가르친 개념은 영혼생활 저 아래로, 무의식이나 잠재의식으로 내려간다. 어떤 방식으로든 그곳에 들어 있다가 필요에 따라 다시 건져 올려지면, 그것이 바로 기억이다." 흔히 이렇게 생각하는데, 실제로는 그렇지 않습니다. 우리가 아이에게 가르치는 표상, 아이와 함께 작업하는 표상을 한번 봅시다. 우리가 아이들과 함께 일을 할 때 표상이 들어서서 사는 형태가 있습니다. 그런데 아이가 그 표상 속에서 살지 않으면, 우리가 가르칠 때 아이 내면에 살았던 표상이 더는 아닙니다. 그 표상은 심지어 가르친 바로 직후에 이미 달라졌을 수도 있습니다. 개념이 우리가 가르칠 때와 똑같은 모양으로 잠재의식 속

어딘가를 떠다니다가 다시 기억으로 끄집어내진다는 생각은 언급할 가치가 없습니다. 사실은 전혀 그렇지 않습니다. 우리가 아이와 함께 작업한 개념은 아이가 그것을 생각하지 않으면 어디에도 존재하지 않습니다. 아이가 생각하지 않는 표상은 아무 곳에도 떠다니지 않습니다. 우리가 가르친 그대로의 표상은 전혀 존재하지 않는다는 말입니다. 아이가 그런 표상을 기억으로 떠올릴 때 일어나는 것은, 흔히 사람들이 잠재의식 저변에서 표상을 건져 올린다고 생각하는 것과는 완전히 다른 과정입니다.

6. 기억하기는 지각하기와 비교할 수 있습니다. 특정 관계에서 보면 지각하기와 같다고 해도 괜찮습니다. 사람이 지각을 하면, 달리 말해 교사가 어떤 외적인 대상으로 아이의 영혼활동을 외부의 어떤 대상에 집중시키고 아이와 함께 어떤 표상을 작업하면, 그것은 전적으로 아이의 독자적인 활동이 됩니다. 아이 스스로 그 표상을 작업합니다. 이 경우를 지각하기라 일컫습니다. 아이가 어떤 것을 기억한다면, 이는 내면을 향하는 것일 뿐 결국은 지각하기와 똑같은 과정입니다. 기억을 할 때는 내적으로 어떤 것이 일어납니다. 그렇게 내적으

로 일어나는 것은, 외부 지각이 내면으로 작업해 들어가는 것과 똑같이 내면에서 작업해 나오는 것일 뿐입니다. 표상이 표상이라는 의미에서는 더 이상 존재하지 않는 경우에 인간 내면에서 계속해서 살아 있는 것, 이것은 실로 지극히 난해한 내적 과정입니다. 표상이 현존하기를 멈춘 후 나중에 기억으로 다시 떠오르기 위해, 달리 말해 내면에서 일어나는 어떤 것을 지각하는 과정을 준비하기 위해 인간과 결합할 때 내면에서 일어나는 과정을 개별적인 경우를 예로 들어 실제로 설명한다는 것은 대단히 어렵습니다. 사람이 기억을 할 때 내적으로 어떤 것을 지각하는 것은 외부에 어떤 대상을 지각하는 것과 똑같은 이치입니다. 기억을 할 때 인간 내면에 일어나는 것을 알아보고 설명하는 것은 필수적인 사항이 아닙니다. 필수적인 것은 완전히 다른 것입니다. 표상 생활에서 지속적으로 머물다가 다시 떠오르는 기억을 주시해 보면, 그렇게 기억으로 이끌어 가는 과정 전체가 사실상 인간의 느낌생활이 존재하는 영혼 영역에 들어 있다는 것입니다. 사실상 표상을 지속시키고 다시 기억에서 끄집어내는 주체는 기쁨과 고통, 쾌감과 불쾌, 긴장과 이완 등을 수반하는 느낌생활입니다. 표상은 느낌이 동요하는 중에 변화합니다. 우리가 지각하고 기억으로 떠올리는 것은 다름 아니라 바로 느낌의 동요입니다.

7.   이는 교육학과 방법론에서 특히 고려해야 하는 중요한 사항입니다. 오늘날 완전히 빗나간 교육학에서 흔히 하듯이 언제나 시청각 교재를 이용해 관찰하는 식으로만 교육한다면, 그러니까 모든 것을 정확하게 관찰하는 것만 중히 여기면, 기억을 하는 데 도움이 되는 것을 거의 제공하지 않는 것입니다. 이에 반해 특정하게 내적인 활기를 가지고 열정적으로 수업을 해서 아이의 느낌과 어울려 함께 가고자 노력하면, 기억하는 데 필요한 도움을 많이 제공하는 것입니다. 이러저러한 주제에 관해 아이들이 내적으로 살짝 미소를 짓거나, 씁쓸하거나 슬프게 느낄 가능성을 수업 곳곳에 박아 넣어야 합니다. 그러니까 수업을 할 때 순수하게 지성적인 주제에만 머물지 않고 '느낌이 수반되는 현상'으로 건너가야 합니다. 이는 대단히 중요한 사항입니다. 물론 교사에게는 불편하고 성가신 일이 될 수도 있습니다. 왜냐하면 수업 내용에 대한 느낌이 아이들에게 생겨나도록 하려면, 그저 설명하거나 시청각 자료를 이용

해서 가르치는 경우에 비해 교사가 훨씬 더 재치 있어야 하기 때문입니다. 느낌이 생겨나도록 한다고 해서 수업에서 다루는 주제에 곧이곧대로 연결된 것이라야 한다는 말은 아닙니다. 생각이나 느낌의 과정을 확장시킬 수 있습니다. 심지어는 별로 중요하지 않은 것으로까지 확장시킬 수 있습니다. 다만 그렇게 가르치는 동안 아이한테 어떤 느낌이 일어나야 할 뿐입니다.

8. 그렇게 생겨난 느낌이 기억을 하는 데 본질적인 도움이 됩니다. 그러므로 절대 이 점을 무시해서는 안 됩니다. 예를 들어 물리나 기하 등 아주 지루한 과목도 아이들의 느낌이 고무되게 수업해야 합니다. 가르치는 주제의 사고 과정에 들어 있는 것을 바로 앞에 있는 것과 연결해야 합니다. 학급의 어떤 아이한테 그것을 전가해서 아이와 연결하는 것이라 표현할 수 있겠습니다. 아이 한 명을 부릅니다. "네가 이것을 하면 너한테 이러저러한 것이 일어날 것이다."라고 말하면서 무슨 주제든 괜찮으니 해당 사고 과정과 가깝거나 먼 관계에 있는 어떤 것을 그 아이와 연결합니다. 그렇게 수업에 느낌과 관계하는 것, 감정적인 요소를 섞어 넣습니다. 특히 아이에게 긴장감을 불러일으키는 것, 기대감을 불러일으

키는 것을 섞어 넣습니다. 그리고 우리가 아이를 어떤 것으로 이끌어 가야 할 때 이완감이 들어서야 합니다.

9. 미지의 것 혹은 대략 반쯤 아는 것의 효과를 과소평가하지 마십시오. 이것이 느낌에 미치는 효과는 엄청난 의미가 있습니다. 한 시간 동안 아이들한테 온갖 것을 가르친 후 끝날 무렵 내일은 이러저러한 것을 다루겠다고 말합니다. 아이들은 그것이 정말로 무엇인지 이해할 필요가 없습니다. 미지의 것에 대한 기대만 있으면 충분합니다. 어떤 것이 계속되는 데에 대한 기대감, 내일 배울 것에 대한 궁금증, 호기심이 있으면 됩니다. 예를 들어서 삼각형을 다루기 전에 사각형에 관해 가르쳤다고 합시다. 아이들은 아직 삼각형에 관해 아는 게 없습니다. 이제 다음과 같이 말합니다. "내일 수업에서는 삼각형을 다루겠다." 아이들은 삼각형이 무엇인지 모릅니다. 아이들한테 삼각형은 미지의 것입니다. 하지만 이 미지의 것이 커다란 역할을 합니다. 미지의 것으로 특정 긴장감이 생겨나 아이들이 기대에 차서 다음 시간을 기다리게 됩니다. 바로 이 기대감과 긴장감이 수업 전체를 엄청나게 북돋는 것으로 작용합니다. 우리가 미지의 것 혹은 반쯤 아는 것을 이용하면, 아이

들이 주제를 좀 쉽게 종합할 수 있게 됩니다. 이런 요소를 절대 무시해서는 안 됩니다. 여러분이 점점 더 능숙하게 이런 것을 활용할 수 있게 되면, 비로소 수업과 교육을 완전히 기본적인 방식으로 연결하게 됩니다. 그러면 우리 자신 내면에 인간의 본질, 아이의 본질을 더 정확하게 알고자 하는 욕구가 생겨납니다. 인지학적 인식을 근거로 인간의 본질, 인간의 지혜에 관해 곰곰이 생각하다 보면, 수업 요령이 되는 몇 가지를 터득하게 됩니다. 아이가 수업에서 배운 것을 정말로 개인적인 소유물로 만드는 것, ─현재 교육에 아직은 거의 없는─ 이것을 우리가 앞으로 더 양성해야 합니다.

10. 수업이라는 개념을 좀 눌러서 짜내 보면, 본질적으로 두 가지로 나뉩니다. 물론 그 양자는 언제나 상호 작용합니다. 그중 한 가지는 아이가 사지나 온몸으로 하는 수업입니다. 오이리트미[03]나 음악, 체육 수업이 그에 속합니다. 심지어 쓰기나 산수도 외적인 처리 과정만 보면 그에 해당합니다. 그러니까 아이들이 특정 활동을

---

03 오이리트미Eurythmie_ '아름다운 동작', '아름다운 리듬'을 뜻하는 그리스어. 루돌프 슈타이너가 창안한 언어와 음악을 움직임으로 시각화한 동작 예술이다. 옮긴이

해야 하는 수업입니다. 다른 한 가지는 관찰하는 수업입니다. 아이들에게 어떤 것을 보여 주면서 관찰하도록 하는 것이지요.

11. 비록 이 두 가지가 언제나 서로 뒤엉켜 있다 해도 본질적으로 완전히 다른 종류입니다. 예를 들어 역사처럼 관찰이 주가 되는 수업을 담당하는 교사가 기술이나 요령을 가르치는 교사에게서 얼마나 많은 덕을 보는지 사람들은 전혀 모릅니다. 오로지 관찰 수업만 하면, 세월이 많이 흐른 후에 아이의 생명력이 끔찍하게 위축되고 맙니다. 그런 수업만 받은 아이들은 나중에 좀 멍한 상태로 인생을 영위하게 됩니다. 세상이 지루하다는 느낌으로 가득 차게 되고, 심지어 무엇이든 피상적으로 관찰하게 됩니다. 역사나 문화사 등 관찰에 중점을 두는 수업만 받은 아이들은 나이를 먹은 후에 적절하게 관찰하는 경향이 거의 없게 됩니다. 외적인 인생에 적절하게 주의를 기울이지도 않게 됩니다. 우리가 관찰에 중점을 두는 것을 가르쳐야 하는 경우 완전히 본질적인 것은 결국 공예 교사나 오이리트미 교사 혹은 음악 교사 덕분에 이루어집니다. 그러니까 역사 교사는 사실 음악 교사와 공예 교사의 덕을 보는 것이고, 이와 반

대로 음악 교사와 공예 교사는 주로 관찰 내용을 가르치는 역사 교사의 덕을 보는 것이지요.

12. 아이들이 관찰 대상에 집중해야 한다면, 달리 말해 가만히 앉아서 우리가 이야기해 주는 주제에 주의를 기울여야 한다면, 어떤 주제에 대해 판단을 내려야 한다면, 그것도 도덕적인 판단을 내려야 한다면, 그 상태는 ―모순되는 표현을 좀 쓰자면― 깨어서 잠자는 활동이라 부를 수 있습니다. 아이 스스로 생각하게 만들기 위해 우리가 아무리 애를 쓴다 해도, 가만히 앉아서 듣기만 하면서 어떤 것에 대해 생각하는 아이는 정신적-영적인 것과 더불어 특정 방식으로 신체에서 빠져나가 있는 상태입니다. 밤에 잠잘 때처럼 완전히 빠져나간 것은 아니기 때문에 아이의 몸은 교실에 앉아 있습니다. 관찰해야 하는 수업은 아주 낮은 정도지만 잠잘 때와 같은 현상이 아이 유기체 속에 실제로 야기됩니다. 더 정확히 설명하자면, 유기체적 활동이 아래에서 위로 특정하게 올라가는 것입니다. 우리가 어떤 주제에 관해 설명을 하면, 잠을 잘 때 신진대사의 산물이 두뇌로 올라가는 것과 같은 활동이 아이의 유기체에 야기됩니다. 아이들을 가만히 앉혀 놓고 그저 관찰만 하도록 시키

는 것은 아이들 유기체가 조금 졸도록 만드는 것과 똑같습니다.

13. 보통은 잠이 유기체를 강화한다고만 알려져 있습니다. 그런데 아침에 두통으로 깨어나는 날도 있지요. 바로 이런 현상에서 잠에 관한 사실을 제대로 배울 수 있습니다. 여기에서 완전히 분명히 해야할 것이 있습니다. 유기체 안에 병든 것은 위쪽의 육체 기관에 올라가지 못하도록 깨어 있을 때의 활동을 통해서 억제된다는 것입니다. 만일 우리 유기체 안에 병든 것이 있다면, 그것은 잠을 자는 동안 위쪽으로 올라갑니다. 아이들한테 관찰하도록 시키면, 아이 유기체 안에 완전히 정상이 아닌 모든 것이 계속해서 위쪽으로 올라갑니다. 이와 반대로 노래를 시키거나 음악 수업을 하면, 오이리트미나 체육, 공예 수업 등을 하면, 심지어는 쓰기도 아이 스스로 적극적으로 하는 한 깨어 있는 상태에서 하는 것과 대등한 활동이 됩니다. 달리 말해 깨어서 하는 활동이 그런 수업에 강화된 상태로 있는 것입니다.

14. 그러므로 전혀 의도하지 않았다 해도, 노래하기나 오이리트미 등을 통해 근본적인 보건 활동을, 심지어는 치료 활동을 하는 것입니다. 이는 절대 부정할 수 없

는 사실입니다. 그리고 이 치료, 보건 활동이 가장 건강하게 작용하는 경우는 이 주제를 어설픈 의학적 의도로 들여다보지 않고 건강한 표상 양식, 건강한 인생관에 맡길 때입니다. 그러나 교사로서 우리가 어떻게 서로를 위해 일을 하는지 알아 두면 유익합니다. 예를 들어서 역사처럼 고찰 내용을 가르치는 수업에서는 육체의 수분이 건강하게 위쪽으로 올라가야 하며, 바로 이 건강한 상승은 어제 한 오이리트미 수업 덕분이라는 것을 교사로서 우리는 알고 있어야 합니다. 모든 수업이 제공하는 것을 이런 식으로 종합하면 유익합니다. 왜냐하면 그렇게 함으로써 어떤 것이 비정상적으로 보일 때 다른 교사와 의논을 해야겠다는 생각이 저절로 들기 때문입니다. 또한 서로 올바른 방식으로 조언하고 돕는 분위기가 생겨날 것입니다. 예를 들어서 역사 교사가 어떤 아이한테 이러저러한 것이 일어나도록 하기 위해 음악 교사와 논의하는 방식으로 일을 하게 될 것입니다. 이런 것을 계획에 따른 방법론으로 받아들인다면 별 소용이 없습니다. 도식화한 규격으로 만들어서 수업에 적용하면 나오는 게 아무것도 없다는 말입니다. 이런 주제는 일단 조망할 줄 알아야 합니다. 그 조망을 근거로 개별적인 경우를 논의하면, 어떤 결과가 나올 수 있습니다.

15. 예를 들어서 물리 교사가 차츰차츰 이런 조망을 얻게 되면, 다음과 같이 일할 것이라 확신해도 됩니다. 어떤 아이에게서 이러저러한 문제가 있다는 것을 알아챘다면, 상황에 따라 음악 교사와 논의할 것입니다. 노래를 가르칠 때 어떤 요소를 참작하면 해당 학생을 도울 수 있을지 서로 의견을 나눌 것입니다. 물리 교사에 비해 음악 교사가 그 아이를 위해서 고려해야 할 것을 더 쉽게 찾아낼 수 있습니다. 그래도 물리 교사가 아이의 문제를 알려 주면, 음악 교사는 고마워할 것입니다. 근본적으로 보아 이렇게 함으로써 비로소 진정 활기찬 협력이 교사들 사이에 이루어질 수 있습니다. 그리고 바로 이런 것을 통해서 인간 전체를 고려하게 되고, 한 가지에서 다른 것이 생겨나 발달하게 됩니다.

16. 이런 방식으로 전반적인 교육학과 방법론을 활기 있게 만들면, 여러 경우에 필요한 유머가 저절로 생겨납니다. 그런 유머는 우리가 미지의 것 혹은 반쯤 알려진 것을 특정 순간에 제대로 선택해서 기억에 도움이 되는 긴장감과 이완감을 불러일으킬 수 있는지, 이를 위

해서만 결정적인 게 아닙니다. 다른 것도 역시 그 유머에 달려 있습니다. 교사로서 우리가 사고를 점점 더 활발하게 만들고, 수업과 관련한 업무를 벗어나 인간 전체를 생각하도록 습관을 들이면, 개별적인 관점을 발견하게 되고, 이 관점에 따라 수업에서 이러저러한 것을 확장할 수 있게 됩니다. 수업 주제에서 사방으로, 특히 제가 곧 언급할 방향으로 적절한 선을 그릴 수 있어야 합니다. 이는 대단히 중요한 사항 중에 하나입니다.

17. 물리 수업을 예로 들겠습니다. 실험실에서 기구를 가지고 방법론적으로 이러저러한 것을 발달시키는 것은 절대 추천할 만한 게 아닙니다. 물론 대단히 재치 있게 다룰 수 있고, 한 가지 사실에서 다른 사실을 연역하는 등 많은 것을 가르칠 수 있습니다. 분명 그 순간에 엄청나게 많은 것을 이루는 듯이 보일 수 있겠지요. 하지만 당장에 많은 것을 이루는 것은 절대 우리 목표가 아닙니다. 교사의 과제는 성장하는 인간에게 인생 전체를 위한 어떤 것을 마련해 주는 것입니다. 그렇게 하기 위해 교사는 계속해서 개념을 확장해야 합니다. 광학이나 수역학水力學 등에서 어떤 현상을 설명할 때 기회만 되면 곧바로 한 가지 사실에서 다른 사실로 건너갈 준

비가 되어 있어야 합니다. 예를 들어서 이러저러한 현상에 연결할 가능성만 있다면, 즉시 기후 현상으로, 세계 전체에서 일어나는 현상으로, 심지어 아주 먼 지역에서 일어나는 현상으로 건너갑니다. 그러면 아이들이 세계 모든 곳이 연결되어 있다는 것을 알아차립니다. 한 가지 사실에서 다른 사실로 이끌어 가며 긴장감과 이완감에 빠지도록 하면, 아이들이 느낌으로 체험하면서 그 모든 것을 습득합니다.

18. 관계, 특히 인간에 대한 관계가 가장 중요합니다. 인간에 대한 관계를 만들어 낼 기회가 있다면, 언제든 어디서든 이용해야 합니다. 동물, 식물, 온기 현상 등 어떤 주제를 다루든 아이들의 주의를 쓸데없는 것에 돌려 시간을 낭비하지 말고 인간과 관계하는 것으로 직접 건너가야 합니다. 온기 현상에서 병든 사람의 열로 직접 넘어가지 못할 이유가 없습니다. 물리 수업에서 공의 탄성을 다루면서 왜 구토로 건너가지 못합니까? 사람이 구토하는 것은 공이 튕기는 현상과 유사한 반응입니다. 거꾸로도 가능합니다. 인간 유기체의 반사 작용을 가르치면서 탄성 구체의 반동 현상으로 넘어가지 못할 이유가 없습니다.

19. 모든 생활 영역에서 관계를 만들어 내는 게 어느 정도까지는 늘 가능합니다. 심지어 아주 어린 아이들의 경우에도 단순한 방식으로 시작할 수 있습니다. 그렇게 함으로써 모든 세계 현상이 인간 안에서 합류한다는 것을, 작은 세상 같은 인간 안에 모든 것이 들어 있다는 사실을 차츰차츰 배우게 됩니다. 인간 외부에 있는 것이나 자연 현상에 관해 설명하면 대부분 그 내용을 쉽게 잊어버립니다. 실제로 그런 경향이 있습니다. 그와 달리 인간에 연관시켜, 인간 내부에서 유사하게 일어나는 현상과 연결해서 이야기하면 언제나 다른 경향이 생겨납니다. 특히 아이들은 주제에 느낌을 결합시키지 않으면 인간과 관계가 있는 것을 전혀 생각하지 못합니다. 귀와 관련한 느낌을 불러일으키는 현상 없이는 아이에게 절대 귀를 설명할 수 없습니다. 심장에 관한 특정 동반 현상이 없이는 심장에 관해 절대 해명할 수 없습니다. 세상에 관한 어떤 것을 인간과 연결한다는 것은 느낌의 영역에 접근시키는 것이고, 이는 대단히 중요합니다.

20. 그런 까닭에 ─오늘날 사람들이 특히 애호하는─ 객관적인 것을 다루어야 하는 수업에선 아이들의 주의를

더욱더 인간으로 돌려야 합니다. 예를 들어서 물리 수업에서는 언제나 인간에 대한 관계를 찾아야 합니다. 가장 객관적인 수업에서 가장 쉽게 인간을 주목할 수 있습니다. 왜냐하면 인간 내부에서 실제로 세계 전체를 발견할 수 있기 때문입니다. 우리는 아이들이 기억을 하도록 도울 수단이 있습니다. 물리적 현상 등 내용을 설명해 주면 대부분은 잊어버리고 맙니다. 기계처럼 자동적으로 기억하는 경우가 있기는 해도, 어쨌든 그 내용이 구체적이고 생생하게 아이 개인의 소유가 되지는 않습니다. 시청각 자료로 하는 실물 수업은 특히 더 그렇습니다. 그런데 어떤 것이든 인간에게 일어나는 것으로 건너가면, 아이가 그 내용을 소유하게 됩니다. 인간에 관해 이야기해 주면 아이 자신의 것이 됩니다. 그렇게 할 때 반드시 염두에 두어야 할 것은 한편으로는 추상적인 것을, 다른 한편으로는 슐레겔[04]이 한때 명명한 '상스럽게-물질적으로-구체적인 것'을 피해야 한다는 것입니다.

21.   수업과 교육에서 이런 것을 피하는 것은 매우 중요

---

04 프리드리히 폰 슐레겔Friedrich von Schlegel(1772~1829)_ 언어학자, 철학자

합니다. 이와 관련해 한 가지 예를 들겠습니다. 최근에 ―8학년이었습니다― 희극과 비극에 관한 수업에서 눈에 띈 것이 있었습니다. 희극적, 해학적 요소와 비극적 요소를 다루는 시간이었습니다. 희극적인 것과 해학적인 것은 무엇인지, 무엇이 비극적인 것인지, 무엇이 아름다움인지, 이런 주제에 관해 굉장히 훌륭한 정의를 발견할 수 있습니다. 오늘날 널리 알려진 미학 서적에 대단한 내용이 꽤 많이 쓰여 있습니다. 하지만 그런 것은 모두 많든 적든 추상성 속에서 움직입니다. 그런 추상적 형태로 이 주제를 논의하면 활기에 찬 표상은 얻지 못합니다. 그와 달리 현실을 고려하면 다음과 같습니다. 우리가 비극성이나 슬픔을 느끼면, 굉장히 강하게 신진대사에 영향을 미치게 됩니다. 신진대사가 느려집니다. 모든 슬픈 감정은 신진대사를 느리게 만듭니다. 제대로 소화시키지 못해서 위 속에 남아 있는 것, 위가 제대로 장으로 내려보내지 못하는 것, 그리고 우리를 슬프게 만드는 것, 이 양자 사이에는 인간의 신체성과 관련해 실제로 유사성이 있습니다. 사람이 굉장히 슬픈 체험을 하면, 문자 그대로의 의미에서 신진대사에 경화하는 영향을 미칩니다. 이 과정이 아주 약하다 해도, 실제로 그렇습니다. 사람이 정말로 슬픈 상태에 있으면 제대로 소화시키지 못합니다. 음식이 돌처럼 위 속에 꾹 눌러앉아 있는 것과 똑같습니다. 이는 상스럽게 물질적인 과정이지만, 그래도 비교하기에는 질적으로 떨어지지 않습니다. 왜냐하면 소화가 제대로 되기만 한다면, 위에서 소화된 음식이 장으로 내려가 장융모에 흡수되어 혈액으로 넘어가기 때문입니다. 혈액은 상위 인간을 위해 중간 벽을, 횡격막을 돌파합니다. 혈액이 횡격막을 지나 위쪽으로 올라갑니다. 건강한 생명 과정은 소화한 것을 횡격막을 통과해 위쪽으로 올려 보내는 데에, 상위 인간에게 분배하는 데에 달려 있다고 말할 수 있습니다. 이 과정은 신체적-육체적으로 파악해 보면 웃음과 질적으로 굉장히 비슷합니다. 우리가 웃으면, 횡격막이 인위적으로 들썩거립니다. 웃음은 실제로 우리 유기체를 건강하게 만드는 과정입니다. 방해받지 않고 건강하게 소화되는 것처럼 작용하는 것이 바로 웃음입니다.

22. 이런 방식으로 해학적인 것, 재미있는 것을 소화 과정에 연결했습니다. 이로써 그리스적인 생각을 하도록 배운 것입니다. 왜 그리스인들이 히포콘드리아, 즉 하체

경화증에 관해 이야기했는지 이해할 수 있게 되었습니다.[05] 잘 들여다보면 완전히 옳은 것이 그 생각에 들어 있습니다. '횡경막-움직이기', '상위 인간으로-올라가며-살기'가 바로 그것입니다. 이런 것은 건강한 소화를 통해 촉진되고, 그로써 외부 세계로 발산됩니다. 이렇게 인간 신체에 해학적 분위기를 연결할 수 있습니다. 이렇게 하면, "유머는 인간이 어떤 주제에 관해 어떤 자세를 취하도록 만드는 계기다." 하는 식의 추상적 해설을 하지 않고, 추상적인 것과 구체적인 것이 하나가 되도록 만듭니다. 단일성을 만들어 내서 아이들이 정신적-영적인 것과 육체적-신체적인 것을 함께 표상하도록 지도하는 것입니다. 이렇게 함으로써 교사는 절대적 손상을 끼치는 현대의 표상을, 신체적-육체적인 것과 무관하게 계속해서 영적-정신적인 것만 가르치는 현대의 표상을 억제하게 됩니다. 이와 정반대되는 주제, 그러니까 물질적-물체적인 것, 상스럽게-물질적인

---

05 Hypochondria_ 오늘날 '건강 염려증'이 된 이 용어는 '영향 하에, 아래에'라는 의미의 그리스어 ὑπό hypo와 '연골, 힘줄'이라는 의미의 χόνδρος chondros의 합성어다. 고대 그리스인은 심리 질환의 원인이 늑연골에 있다고 보았다. 옮긴이

것을 다룰 때도 그렇게 해야 합니다. 물질적-물체적인 것과 정신적-영적인 것은 따로 떨어져 존재하지 않습니다. 이 양자가 서로 함께 흘러들어 융합한다고 보아야 옳습니다. 해학과 비극을 추상적 개념으로 나란히 얽어매는 방식으로 가르쳐서는 안 됩니다. 우리는 횡격막을 통해 통합적 표상을 불러일으키는 상태에 반드시 도달해야 합니다. 그리고 이런 방식으로 우리는 오늘날 사람들이 쉽게 믿는 물질주의 같은 것을 양성하지 않게 됩니다. 어떻게 정신적-영적인 것이 신체 안에서 살아가는가? 바로 이것을 보여 줌으로써 물질적 세계 전체가 실제로 정신적-영적인 것을 기반으로 살아간다는 표상을 얻도록 지도할 수 있습니다. 사람이 웃을 때 정신적-영적인 것 속에 자신을 의식하면서 동시에 그 웃음이 횡격막과 어떤 관계가 있다고 표상할 수 있다면, 비가 내리거나 천둥 번개가 칠 때 어떻게 정신적-영적인 것이 작용하는지 역시 표상할 수 있게 됩니다. 건강한 방식으로 그 상태에 도달하게 됩니다. 모든 것을 인간과 연결하면 그렇게 됩니다.

23.　인간과 모든 것을 연결하여 가르칠 때 주의해야 할 사항이 있습니다. 아이가 자신을 고찰하는 쪽으로 너

무 심하게 가지 말아야 한다는 것입니다. 자아 고찰은 배타적으로 적용할 경우 명상적 이기주의로 변질될 수 있습니다. 주로 고찰해야 하는 주제를 인간에 연결해서 가르치면, 신체, 영혼, 정신으로 이루어진 존재가 인간임을 넌지시 알려 줄 수 있고, 이로써 아이 내면에 정신적-영적 성향을 만들어 냅니다. 바로 이 성향이 능숙한 손놀림 같이 신체 자체에서 나오는 것을 자신 존재 깊은 곳에서 건져 내서 실행하게 만드는 최상의 근거가 됩니다. 고찰해야 하는 주제를 인간과 연결해서 수업을 하면, 우리 아이들이 역사, 물리, 지리 등을 통해 진정한 성악가가 되도록, 진정한 음악성을 얻도록 교육하는 것입니다. 왜냐하면 그런 수업을 통해 인간에게 작용하면, 특정한 의미에서 아이가 육체적으로 원하는 것을 생각하도록 만드는 것이고, 그로써 우리가 실제로 계속해서 생성시켜야 하는 것을 아이 내면에 생성시키기 때문입니다.

24. 그렇게 하면서 우리는 반드시 특정 개념을 습득해야 합니다. 사람이 항상 배부른 상태에만 있을 수는 없지요. 한 끼 식사를 한 후 영원히 배부른 상태에 있을 수는 없습니다. 얼마 후에는 다시 배가 고파져서 음식

을 먹어야 합니다. 모든 것에 활기와 리듬이 있어야 한다는 말입니다. 인간은 다시 음악적으로 되어야 합니다. 리듬에 따라 살아야 합니다. '물러나-혼자-있으면서' 특정한 의미에서 최고도로 긴장했다가 다시 이완되는 리듬 속에서 살아야 합니다. 사람들한테 위나 폐, 간 등에 관한 개념을 가르쳐 보십시오. 그러면 음식으로 배고픔을 달래는 것과 똑같이 노래로 마음을 진정시키는 성향이 생겨날 것입니다. 리듬이 생겨날 것입니다. 리듬이 아닌 다른 것을 통해서 삶에 도달할 것이라 믿어서는 안 됩니다. 그와 마찬가지로 우리가 고찰 주제를 올바르게 다룸으로써 인간 내면에 역량을 생성시키면, 이 역량이 다른 것을 통해서 적절하게 전면에 드러납니다.

25.   예를 들어서 로마 황제 카이사르Julius Caesar의 업적을 그저 해설하는 데 그치지 않고, 그에 관한 상상의 개념을 함께 가르칩니다. 역사의 한 장면을 생생하게 그려 줌으로써, —일종의 안개 같은 그림이라 말하고 싶은데— 카이사르에 대한 일종의 그림자 같은 것이 아이들의 상상 속에 생생하게 생겨나도록 만듭니다. 카이사르가 걸어가는 모습이 아이들 눈에 보여야 합니다.

걸어가는 카이사르 뒤를 쫓아가게 만들어야 합니다. 특정한 의미에서 아이들이 카이사르를 모사만 하는 것이 아니라, 상상으로 그 모습을 지어낼 정도가 되어야 합니다. 그렇게 역사 수업을 한 다음에 아이들을 공예 수업에 보내십시오. 그러면 카이사르가 없을 때에 비해 코바늘뜨기를 훨씬 더 능숙하게 할 것이라 확신해도 됩니다.

26. 이것이 바로 비밀스러운 관계입니다. 배고픔과 배부름 사이의 관계와 똑같은 이 비밀스러운 관계를 등한시하면, 다른 많은 것이 생겨납니다. 예를 들어서 수업 시간 내내 상상력을 고무하지 않고 설명만 해 주면, 위산이 생겨납니다. 그럼 아이의 위에 펩신이 너무 많아집니다. 관찰하고 고찰하는 식으로만 수업을 하면, 아이들 위에 펩신이 생겨나 고이는 것을 막을 수 없습니다. 펩신은 위 속에 음식물을 산성화하는 일만 하지 않습니다. 모든 것은 정신적인 과제도 있습니다. 질료적인 모든 것은 동시에 정신적인 것입니다. 펩신에는 아이가 음악 시간에 노래를 배울 때 내적으로 톡 쏘듯이 자극하는 느낌을 불러일으키는 과제가 있습니다. 아이가 노래를 부르는 동안 톡 쏘는 듯한 느낌을 체험해야 합

니다. 그런데 펩신이 위의 주름 속에 고여 있으면 그 톡 쏘는 듯한 느낌이 생겨나지 않습니다. 언제 그렇겠습니까? 수업 시간 내내 상상력에 작용하지 않고 설명만 하면, 펩신이 위의 주름 속에 고입니다. 상상력을 고무하면, 펩신이 몸 전체로 퍼집니다. 그 결과로 모든 내장 기관에 톡 쏘는 듯한 느낌이 있는 상태로 아이들이 음악 교사에게 갑니다. 반면 수업 시간에 그저 설명만 하면, 펩신이 위의 주름 속에 남아 있고 다른 내장 기관에는 전혀 없는 아이들이 음악 교사에게 갑니다. 이런 아이들은 다른 무엇보다 언어 기관에 톡 쏘는 듯한 느낌이 하나도 없습니다. 이로 인해 노래 부르기를 귀찮아하는 정도가 아니라, 발성조차 제대로 하지 못합니다.

27. 제가 이런 것을 이야기하는 것은 어떤 내용을 전달하기 위해서가 아닙니다. 수업이라는 유기체 전체를, 학교에서 이루어지는 모든 것을 고려하는 게 얼마나 중요한지 여러분이 깨닫도록 예를 들 뿐입니다. 이런 것은 자기 일이 아닌 모든 것에 일일이 참견을 한다고 해서 배울 수 있는 게 아닙니다. 당연히 교사 각자가 자유롭게 일을 해야 합니다. 그런데 자유롭게 일을 하는 것도 성장하는 인간, 즉 아이의 본질을 연구하고, 아이를

위해 중요한 것을, 아이를 고무하는 것을 가르침으로써 배울 수 있습니다. 또한 이런 식으로 일을 하면 대단히 많은 것을 연구하게 됩니다.

28.   그렇게 하려면 반드시 인간 존재에 대한 생생한 관심을 발달시켜야 합니다. 인지학을 올바르게 이해하면, 그런 관심을 양성하기 위한 진정한 자극을 충분히 얻게 될 것입니다. 개념을 형성하는데 추상적인 것에 박혀 있지 말고, 인간을 그 조직과 관련해 정말로 배워서 알아보도록 노력하기 바랍니다. 교육학적-방법론적 관점에서 직접 건져 낸 이 점을 특히 교사로서 여러분께 부탁합니다. 여러분은 특정 방향에서 사실상 선구자가 되어서 다음과 같이 말해야 합니다. "오늘날 한쪽에는 역사, 지리 등 추상적 학문이 있다. 심지어는 물리학도 그에 속한다. 그 모든 것이 엄청나게 추상적으로 다루어진다. 개념을 습득한다. 다른 쪽에는 인간학, 해부학, 생리학이 있다. 이런 학문에서 우리는 마치 가죽에서 각 기관을 오려 낸 다음에 다시 서로 짜 맞추는 식으로 인간을 배운다." 정말로 가죽에서 오려 낸 듯합니다. 인간에 관한 설명이 가죽에서 오려 내서 다시 붙인 모양과 별 차이가 없습니다. 정신적인 면이 아니라 육체적인

면에 따라서만 인간을 묘사합니다. 하지만 여러분은 선구자가 될 수 있습니다. 추상적으로 고찰만 하는 수업에서 한편으로는 지루하게 추상적으로 가르치는 것을, 다른 한편으로는 상스럽게 물질적인 방식으로 가르치는 것을 제거함으로써 교육학과 방법론에 유익하게 기여할 수 있습니다. 두 가지 모두 수업에 적용할 수 있습니다. 다만 두 가지가 서로 유기적으로 짜이도록, 생생하게 연결되도록 가르쳐야 합니다. 해부학을 생생하게 되살리기 위해 역사를 가르칠 수 있고, 거꾸로 역사를 생생하게 되살리기 위해 해부학을 가르칠 수 있습니다. 예를 들어서 간의 기능을 가르치면서 어떻게 후기 이집트 역사를 다루어야 하는지 알아볼 수 있습니다. 왜냐하면 인간 유기체 속의 간 기능을 고찰할 때, 후기 이집트 역사에 들이부어야 할 분위기를, 향기라 말할 수 있는 특별한 분위기를 습득하기 때문입니다. 전체로 보면 똑같은 인상이 나옵니다. 이런 식으로 주제를 서로 조합할 수 있습니다. 이렇게 하면 인류 문명에 대한 특정 관심사만 전달하지 않게 됩니다. 육체적인 것과 정신적인 것은 절대 독자적으로 존재하지 않습니다. 정신적인 것도 독자적으로 존재하지 않습니다. 그 양자를 서로 연결함으로써 교육적 요구 사항을 충분히 채우게 됩니다. 그러면 교실에 들어설 때 여러분이 하는 말에 실제로 무게가 생기면서 동시에 날개도 생긴다는 것을 보게 될 것입니다. 한편으로는 금세 날아갈 말을 아이들한테 눌어붙이려 하지 않는다면, 다른 한편으로는 배우기 힘들고 어려운 기술이나 요령만 가르치지 않는다면, 여러분의 말에 무게와 날개, 두 가지가 동시에 생겨날 것입니다.

두 번째 강의

1921년 6월 13일

표상하기, 판단하기, 결론 내리기
머리, 팔과 손, 다리와 발에 대한 에테르체, 아스트랄체, 나/Ich의 관계
머리와 사지에 대한 우주와 지상적인 것의 관계
유전
물질적—육체적인 것과 영적—정신적인 것의 관계
'우주적' 아이와 '지상적' 아이
역사 수업
객관성
체조
교사의 수업 준비

1. 도입에 해당하는 어제 강의에서 저는 교사가 인간에 관한 감각 혹은 인간에게서 얻은 기본 감각과 통합적 유기체인 교육 기관에 관한 기본 감각을 가지고 교실에 들어서는 게 얼마나 중요한지 여러분께 이해시키려 했습니다. 오늘은 앞으로 계속해서 쌓아 갈 근거가 될 만한 몇 가지 원리를 제시하겠습니다.

2. 우리가 염두에 두어야 할 실로 중대한 사항은, 인간 존재를 정말 올바른 방식으로 생생하게 눈앞에 그려 내고자 한다면, 현대 과학적 세계관이 만들어 낸 적잖은 편견을 완전히 벗어야 한다는 것입니다. 오늘날 인간에 관해, 인간이 논리적으로 행하는 것과 논리로서 발달시키는 것에 관해 말하는 것을 유심히 들어 보면, ─물질주의자가 아닌 사람도─ 영적 유기체를 통해 사고하고 논리적 기능을 수행하기 위한 일종의 기구로서 두뇌가 필요하다는 의견입니다. 모든 사고 기능과 논리적 실행이 두뇌에 달려 있다고 생각합니다. 이제 논리

적 활동을 표상하기, 판단하기, 추론해서 결론 내리기로 구분해 보십시오. 교사인 우리도 아이들과 함께 표상하기, 판단하기, 추론해서 결론 내리기를 연습해야 하지 않습니까?

3. 문제는, 논리적인 모든 것은 특정한 의미에서 머리 기능이라는 의견이 너무나 확고하게 자리 잡았기 때문에 이 분야의 실재를 편견 없이 조망하는 눈이 사라졌다는 것입니다. 이 실재에 관해 언급하면, 사람들은 증명을 하라고 합니다. 그런데 증명은 편견 없는 관찰, 즉 어떻게 인간이 논리적인 것을 펼치는지 알아보는 데에 이미 들어 있습니다. 표상하기, 판단하기, 결론 내리기로 이루어지는 논리적 기능에서 실제로 머리의 기능에 속하는 것은 표상하기뿐입니다. 이 점을 반드시 명심하십시오. 머리의 기능에 속하는 것은 표상 형성일 뿐입니다. 판단하기와 결론 내리기는 머리의 기능이 아닙니다.

4. 여러분은 다음과 같이 생각할지도 모르겠습니다. "혹시 정신과학을 통해서 머리를 점점 덜 쓰게 되는 것은 아닌가?" 네, 이 생각은 심오한 의미에서 실재에 상응합니다. 왜냐하면 이 세상에서 살아가는 인간으로서 우리는 머리에서 특별히 많은 것을 필요로 하지 않기

때문입니다. 외형, 즉 육체 형태를 고려하면 머리는 우리가 지니는 것 중에 가장 완벽한 것입니다. 그런데 머리가 그렇게 완벽한 이유는 우리가 죽음과 새로운 출생 사이에 지녔던 정신적인 조직을 모사한 것이기 때문입니다. 출생 혹은 수태 이전에 우리인 것을 특정한 의미에서 도장을 찍듯 그대로 찍어 낸 것이 머리입니다. 정신적-영적인 모든 것이 머리로 조형됩니다. 출생 이전에 우리 인생을 그림처럼 보여 주는 것이 바로 머리입니다. 그리고 머릿속에는 육체 외에 에테르체만 온전히 활동합니다. 다른 존재 구성체, 즉 아스트랄체와 나/Ich는 머리를 채우기는 해도 직접적으로 활동하지 않습니다. 이 양자의 활동은 머릿속에 반사될 뿐입니다. 외형만 보자면 머리는 초감각적 세계의 그림입니다. 작년에 어떤 연속 강의[01]에서 인간으로서 우리는 머리를 사실상 특별한 존재로 유기체에 싣고 다닌다고 이야기했습니다. 머리 외에 다른 유기체는 일종의 마차 같은 탈것

01 『명상적으로 작업한 인간학Meditative erarbeitete Menschenkunde』 1920년 9월 15일부터 22일까지 최초의 발도르프학교 교사를 대상으로 한 4회 강의. 『인간에 대한 앎에서 나오는 교육과 수업』 GA302a에 실려 있다.

이고, 유기체를 타고 가는 것이 머리라 볼 수 있습니다. 유기체를 말로 삼아 타고 가는 것이 머리라 해도 됩니다. 머리는 지구상의 외부 세계로부터 고립되어 있습니다. 기생충처럼 육체 위에 앉아 있기만 하고, 행실도 기생충같이 합니다. 현재 필요한 것은, —머리는 거울처럼 반사하는 기관으로 필요할 뿐이기에— 우리가 머리에서 엄청나게 많은 것을 얻는다고 여기는 물질주의적 세계관을 포기하는 것입니다. 반드시 다음과 같이 생각하도록 배워야 합니다. "머리는 출생 이전 우리의 정신적-영적 조직을 보여 주는 그림이다."

5.   표상하기는 실제로 머리에 연결되어 있습니다. 하지만 판단하기는 그렇지 않습니다. 판단하기는 사실 중간 유기체에, 주로 팔과 손에 연결되어 있습니다. 진실은 우리가 실제로 팔과 손으로 판단한다는 것입니다. 표상하기는 머리로 합니다. 그러니까 판단 내용을 표상할 때 판단 자체는 팔과 손 체계에서 일어나고, 표상적 반사 그림만 머릿속에서 일어납니다. 여러분도 이것을 내적으로 이해할 수 있을 것입니다. 그러면 이것이 중요한 방법론적 진실이라는 것을 알아채고 다음과 같이 말할 수 있게 됩니다. "유기체의 중간 부분은 느낌 세계

를 매개하기 위해서 존재한다." 인간의 리듬 유기체는 본질적으로 느낌 세계가 들어앉아 있는 자리입니다. 그것은 느낌 세계를 매개하기 위해서 존재합니다. 판단하기는 느낌과 굉장히 비슷합니다. 심지어는 추상적인 판단도 느낌과 유사한 면이 있습니다. 우리가 "카를은 용감하다."고 말한다고 합시다. 이는 판단이지요. 이렇게 판단했다면, 카를에 대한 긍정적인 느낌이 있다는 것입니다. 긍정하거나 부정하는 느낌은 판단에 대단히 큰 역할을 합니다. 술어적인 것으로, 주체에 대한 관계로 표현되는 느낌은 어쨌든 판단에 영향을 미칩니다. 느낌이 너무 강하게 반½의식 상태에 속하기 때문에 얼마나 깊이 판단에 관여하는지 사람들이 주의를 기울이지 않을 뿐입니다. 인간은 주로 판단하는 존재여야 하기 때문에 팔 유기체는 리듬 유기체와 조화를 이루도록 되어 있지만, 그와 동시에 지속적인 리듬 유기체에서 풀려나게 되어 있습니다. 이로써 우리는 리듬 유기체와 풀려난 팔 유기체 사이의 육체적 연결에서 느낌이 판단에 관계하는 양식이 육체적-감각적으로 표현된다는 것을 보았습니다.

6. 결론 내리기, 결론을 형성하는 다리와 발과 관련이

있습니다. 현대 심리학자에게 결론 내리기를 머리가 아닌 다리와 발로 한다고 말하면, 당연히 비웃음만 삽니다. 그래도 다리와 발로 결론을 내린다는 것은 진실입니다. 인간으로서 우리가 다리와 발 쪽으로 조직되지 않았다면, 결론을 형성할 수 없을 것입니다. 표상하기는 에테르체로 하고, 두뇌 조직이 뒷받침합니다. 판단하기는 ―원천적, 기본적인 방식에 있어― 아스트랄체로 하고 팔과 손이 뒷받침합니다. 결론 내리기는 나/Ich로 합니다. 그리고 발과 다리가 뒷받침합니다.

7. 이 사실에서 우리는 인간 전체가 논리에 관여한다는 것을 알아볼 수 있습니다. "인간 전체가 논리에 관여한다." 이 생각에 익숙해지는 것은 대단히 중요합니다. 현대 과학은 인간에 관해 아는 게 별로 없습니다. 왜냐하면 인간 전체가 논리에 관여한다는 사실을 모르기 때문입니다. 언제나 머리만 굴린다고 생각하지 않습니까? 다리와 발 인간인 한 인간은 이 지상 세계 속에 머리 인간과는 완전히 다른 방식으로 박혀 있습니다. 다음 그림을 통해 이 사실을 선명하게 알아볼 수 있습니다. (그림을 그린다) 도식적으로 인간을 상상해 보면, 다음과 같은 것을 개념으로 형성할 수 있습니다. 여기에 이

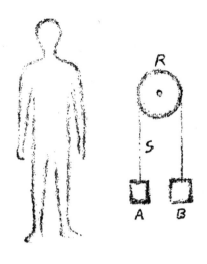

사람이 이 추(A)를 든다고 합시다. 1kg이라고 합시다. 이것을 손으로 듭니다. 이제 이 사람이 손으로 추를 든다는 사실을 일단 간과합시다. 그 대신 여기에 밧줄(S)을 설치한다고 합시다. 이 도르래(R)에 밧줄을 걸고, 다른 쪽에 1kg짜리 추(B)나 조금 더 무거운 어떤 물건을 단다고 합시다. 1kg보다 무거운 것을 달면, 다른 쪽 추 (A)가 올라가겠지요. 이로써 우리가 손과 팔로 무게를 들어 올리는 경우와 똑같은 것을 실행하는 역학적 장치를 만들어 냈습니다. 그렇지 않습니까? 사람이 손과 팔로 추를 어느 정도 들어 올리는 것은 한쪽에 무거운 추를 달고 도르래를 통해서 다른 쪽에 가벼운 추를 들어 올리는 것과 똑같은 이치지요. 제가 의지를 전개한다고 합시다. 그러면 순수한 역학적 장치로 완수할 수 있는 것과 똑같은 것을 실행한 셈이지요. 여기 1kg 짜리 추에서 보이는 것, 위로 들어 올려지는 것, 이는 완전히 객관적 과정입니다. 제 의지로 이 과정에 관여한다고 합시다. 이 경우 외적 형태는 바뀌지 않습니다. 제 의지와 함께 저는 객관적 세계 속에 완전히 박혀 있습니다. 방에 불을 켜는 것처럼 객관적 세계 속에 저를 켜고 들어갑니다. 제 의지를 펼칠 때는 객관적 세계와 제가 더 이상 구분되지 않습니다.

8. 제가 이제 걸어가거나 다리로 어떤 것을 하면, 그림으로 설명한 것이 훨씬 더 분명해질 것입니다. 걸어가거나 다리로 무엇을 하면, 달리 말해 의지를 실행하면, 그것은 완전히 객관적인 과정입니다. 이 세상에서 일어나는 객관적인 것입니다. 의지가 전개될 때 외적 사건으로 일어나는 것만 보자면, 순전히 기계적 과정이든 인간 의지가 관여한 것이든 근본적으로 똑같은 종류입니

다. 인간 의지가 기계적 과정을 지휘할 뿐입니다. 이것이 가장 강하게 존재하는 경우는, 제가 다리와 발로 할 수 있는 기능을 실행할 때입니다. 이렇게 할 때 저는 근본적으로 저를 벗어나 있습니다. 제가 객관적 세계와 완전히 융합합니다. 객관적 세계의 한 부분이 됩니다.

9. 머리에 관해서는 그렇게 말할 수 없습니다. 머리 기능은 세계에서 인간을 분리해 냅니다. 보기나 듣기라 명명하는 것, 표상하게 만드는 것은 객관적 방식으로 세계에 위치시킬 수 없습니다. 머리는 세계에 조금도 속하지 않습니다. 머리는 이 지상 세계에 낯선 물건입니다. 지상에 내려오기 전의 나를 모사한 게 머리입니다. 머리와 다리는 최고도로 극단입니다. 그리고 그 중간에, ㅡ왜냐하면 의지가 이미 작용하기 때문에, 그런데 특히 느낌과 함께 작용하기 때문에ㅡ 그 양자 사이에 팔과 손 조직이 있습니다. 어떻게 인간이 머리를 통해서 고립되어 있는지, 어떻게 정신세계에서 머리를 지고 나오는지, 어떻게 머리가 인간은 정신세계에 속한다는 사실을 육체적으로 증명하는지, 어떻게 인간이 자신의 느낌 기관과 의지 기관으로 외부 조직과 법칙 전체에 적응하며 물체 세계에 끼어들어 가는지, 이런 것을

곰곰이 생각해 보십시오. 외부 사건과 인간 의지를 통한 사건 사이에 경계는 절대 선명하게 그려지지 않습니다. 하지만 머리를 통해서 표상으로 매개되는 것과 외부 과정 사이에는 언제나 분명한 경계가 있습니다.

10.   올바르게 인간을 파악하려면 바로 이 사실에 밑줄을 쳐야 합니다. 태아 상태에 들어선 인간은 가장 먼저 머리 조직을 짓습니다. 머리 조직이 단순히 유전된 것이라는 말은 헛소리입니다. 머리 조직은 —구형이라는 것만 보아도— 우주를 모사한 것입니다. 머리는 우주의 힘이 작용함으로써 형성됩니다. 인간이 유전의 흐름을 통해 얻는 것은 팔과 다리 조직을 관통합니다. 팔과 다리 조직이 있기 때문에 부모의 자식이 되는 것이며, 그 조직을 통해서 지상의 힘과 연결됩니다. 왜냐하면 지상의 힘은 머리에 절대 접근하지 못하기 때문입니다. 수태 자체에도 전혀 영향을 미치지 못합니다. 머리는 우주에서 나오는 힘으로 조직됩니다. 아이의 머리 모양이 부모와 비슷하게 보인다 해도, 그것은 머리가 육체의 다른 유기체에 의존해서 발달하기 때문입니다. 더 정확히 말해 나머지 유기체가 영향을 미치는 혈액으로 유지되기 때문입니다. 하지만 그 형성에 있어 머리 자체는 우

주의 결과입니다. 다른 무엇보다 신경-감각 유기체와 관계하는 모든 것은 ─머리에 연결되어 있는 한─ 우주에서 나온 결과입니다. 신경-감각 유기체 역시 인간이 우주에서 받아들여 나머지 유기체에 심어 넣습니다.

11. 이런 것을 주시하는 것은 꽤 중요합니다. 왜냐하면 이런 것을 알고 있어야, 신체적-육체적인 것을 완전히 간과하고 오로지 추상적으로 정신적-영적인 것에 관해서만 이야기하면 정신적, 영성적인 사람이 되리라는 실없는 생각을 내적으로 깨뜨리는 것을 배우기 때문입니다. 이와 반대로 신체적-육체적인 것과 영적-정신적인 것의 관계를 올바른 방식으로 조망할 능력을 습득하면, "너는 머리와 관련해서 우주에 의해 조직되었다. 다리 유기체와 관련해서 네 조상의 후손이며 네 부모의 자식이다." 하고 조망할 수 있다면, 비로소 정말 정신적이고 영성적인 사람이 됩니다. 이런 앎은 실재에 관한 것이기 때문에 굉장히 강하게 느낌으로 넘어갑니다. 오늘날 추상성을 통해 매개되는 지식은 ─그것으로 추상적인 것을 말하든 물질적인 것을 이야기하든,─ 근본적으로 실재와 눈곱만큼도 관계가 없습니다. 그래서 그런 것을 통해서는 아무 느낌도 일어나지 않습니다. 실재

속에 파고드는 것만 느낌을 불러일으킵니다. 그러므로 다음과 같은 생각을 깊이 연구해서 교육학적인 면으로 양성하도록 노력하십시오. "제대로 인간을 고찰한다면 물질적-육체적인 면을 보는지, 아니면 정신적-영적인 면을 보는지는 전혀 중요하지 않다. 정신적-영적인 것을 올바른 방식으로 고찰하도록 배우면, 그것이 창조하는 존재라는 것을 알아보게 된다. 창조하는 존재로서 정신적-영적인 것이 그 자체에서 물질적-육체적인 것이 흘러나오도록 한다." 몸이 지어지는 데에서 정신적-영적인 것을 볼 수 있습니다. 그리고 예술적으로 올바르게 그것을 관찰하면, 물질성이 차츰차츰 완전히 사라집니다. 물질성이 저절로 정신적인 것으로 바뀝니다. 올바르게 표상을 하면, 물질적-육체적인 것이 정신적인 것으로 변화합니다.

12. 정신과학, 즉 인지학을 지반으로 삼으면 물질주의자인지 영성주의자인지는 별 가치가 없습니다. 그런 것은 전혀 중요하지 않습니다. 물질주의의 유해성은 물질주의적 현상과 대상을 배워 알아보는 데에 있지 않습니다. 왜냐하면 그런 것을 철저하게 연구하면, 어처구니없는 물질주의적 개념이 사라지고, 전체가 정신적인 것

으로 변화하기 때문입니다. 그 유해성은 사람이 물질에 집중하면서 감각을 통해 보는 것을 철저히 연구해서 끝까지 생각하지 않으면 좀 멍청하게 된다는 데에 있습니다. 그렇게 해서는 실재를 얻지 못합니다. 사람들은 물질을 끝까지 생각하지 않습니다. 끝까지 생각한다면, 물질은 표상 속에서 정신적인 것으로 바뀝니다. 그리고 정신적-영적인 것을 고찰할 때도 그 실재에 들어서면, 오늘날 지식으로 너무 흔하게 만나는 추상적인 것에 머물지 않습니다. 정신적-영적인 것이 형태를 갖춥니다. 형상화합니다. 추상적 파악에서 예술적인 것이 생겨나고, 결국에는 물질적-본체적인 것을 관조하게 됩니다. 사람은 물질주의자일 수도, 영성주의자일 수도 있습니다. 어느 쪽이든 끝까지 가기만 하면 결국 같은 곳에 도달합니다. 영성주의의 유해성 역시 영성적으로 어떤 것을 파악하는 데에 있지 않습니다. 좀 멍청해지는 것, 안개처럼 흐릿한 신비주의자가 되는 것, 모든 것을 불분명하게 보고 구체적인 형태로 만들지 못해 혼란만 불러일으키는 것에 있습니다.

13.   아이의 본질을 알아보기 위해 고찰한 모든 것에 이제 대단히 중요한 사항을 하나 더해야 합니다. 머리의

조형적 형성을 통해 전면에 드러나는 우주적 조직이 우세한지, 아니면 머리 외에 나머지 인간, 즉 사지 인간의 조형적 형성을 통해서 전면에 드러나는 지상적 조직이 우세한지를 조망해야 합니다. 그 다음에 중점은 우주적 아이와 지상적 아이, 이 두 종류의 아이를 올바른 방식으로 교육하는 것입니다.

14. 먼저 지상적 아이를 봅시다. 이 경우에는 유전력이 많이 작용한다는 것을 반드시 명심해야 합니다. 유전력이 신진대사-사지 유기체를 대단히 강하게 관통합니다. 이런 아이의 기질이 일반적으로 우울질憂鬱質에 속하지 않는다 해도, 조금은 우울한 측면이 있습니다. 지상적 아이와 특정 관점에서 일을 해 보고 좀 가까운 사이가 되어 캐물어 보면, 일반적인 기질의 표면 아래에 우울증적 측면이 조금 있다는 것을 알아볼 수 있습니다. 이 부차적 우울질은 아이의 지상적 본질에 기인합니다.

15. 여러분 학급에 어떤 아이가 이런 면이 있다면, 우울한 감성의 단조에서 시작해 장조로 넘어가는 악곡에 익숙해지도록 가르치십시오. 여러분이 직접 우울한 분위기의 단조에서 장조로 넘어가면서 가르치거나, 그렇

게 바뀌는 곡을 선택해서 가르치는 것이 아이한테 도움이 됩니다. 지상적 아이는 오이리트미 등 몸을 움직여야 하는 수업으로 정신화 되도록 할 수 있습니다. 주된 기질은 다혈질인데 약간 우울질이 있는 아이에게 큰 도움이 되는 것은 그림 그리기입니다. 음악적-오이리트미적으로 거의 소질이 없는 아이라 해도 어쨌든 교사는 온갖 정성을 쏟아부어서 조금이라도 계발해야 합니다.

16.   이제 유별나게 머리 조직이 발달한 아이를 봅시다. 이 경우에는 역사, 지리, 문학사 등 주로 관찰하는 주제를 가르쳐야 합니다. 그런데 단순히 생각하는 데에 머물지 않도록 특히 주의해야 합니다. 어제 다른 관계에서 이미 이야기했듯이 정서 상태에 변화를 불러일으키는 식으로 설명해야 합니다. 먼저 호기심, 긴장감 등을 불러일으킨 다음에 충족시켜 이완되게 하는 식으로 가르치는 것이지요.

17.   바로 이런 것과 관련해 교사는 정신적인 것이 육체적인 것과 조화를 이룬다는 생각에 익숙해져야 합니다. 아름다운 그리스적 표상이 오늘날에는 완전히 소실되었습니다. 그리스인들은 육체적-신체적인 것이 정신적-영적인 것과 완전히 조화로운 상태에 있다고 보

았습니다. 그리스인들은 예술 작품이 인간에게 미치는 효과를 볼 때 신체적으로 관찰한 것도 언제나 포함했습니다. 그들은 질병의 위기나 카타르시스에 관해서도, 예술 작품의 효과와 교육에 관해서도 그런 식으로 이야기했습니다. 그리스인들은 우리가 어제 강의에서 암시한 과정을 실제로 좇았습니다. 우리는 그리스인처럼 정신적-영적인 것과 신체적-육체적인 것을 함께 생각하는 과정으로 반드시 되돌아 가야 합니다.

18. 이런 까닭에 개인적인 느낌을 모두 동원해 깊이 관여하며 역사를 가르치는 것은 대단히 중요합니다. 아이들이 객관성을 배울 시간은 나중에도 얼마든지 있습니다. 그런 것은 나중에 배워도 충분합니다. 하지만 우리가 객관적으로 되고 싶다는 생각에 아이들한테 브루투스Marcus Junius Brutus와 카이사르에 대해 가르쳐야 할 시기에 객관성을 적용한다면, 브루투스와 카이사르 간의 차이를 느낌을 통해 대상화하지 않는다면, 나쁜 수업을 하는 것입니다. 교사는 가르쳐야 할 주제에 푹 빠져야 합니다. 물론 극적으로 허풍을 떨 필요는 없습니다. 하지만 주제를 다룰 때 브루투스와 카이사르에 대한 공감과 반감이 나직하게 울려야 합니다. 여러분이

이야기해 주는 것에 동감하도록 아이들을 고무해야 합니다. 다른 무엇보다 역사, 지리, 지질학 등은 진실한 느낌을 가지고 가르쳐야 하는 과목입니다. 특히 지질학이 흥미롭습니다. 지질학을 가르치면, 땅속에 있는 암석에 깊은 동정심을 느끼게 됩니다. 이 관계에서 저는 교육자 누구에게나 괴테Johann Wolfgang von Goethe의 화강암에 관한 논문[02]을 정말로 동감하며 읽어 보라고 권하겠습니다. 그러면 표상만 아니라 인간 전체로 자연 속에 자리 잡는 인물이 어떻게 대선배 화강암과 인간적 관계를 맺는지 보게 됩니다. 그다음에는 그런 자세가 당연히 다른 것으로 확장되어야 할 뿐입니다.

19.   우리 스스로 괴테 같은 자세를 발달시키면, 역사나 지리, 지질학 등과 같은 과목에서 아이들이 자연스럽게 참여하려는 마음이 생기도록 할 수 있습니다. 그렇게 하기가 여러 면에서 대단히 어려운 것은 사실입니다. 엄청나게 노력해야 합니다. 하지만 다른 한편으로

---

02 퀴르쉬너Joseph Kürschner의 『독일 민족 문학Kürschners Deutsche National-Litteratur』 중에 루돌프 슈타이너가 주석을 달아 발행한 『괴테의 자연 과학 논문Goethes Naturwissenschaftliche Schriften』 총 5권 GA1a-e 도르나흐 1975. 제5권 586쪽을 참조하라.

는 그렇게 할 때만 수업과 교육에 진정한 활기를 들여 갈 수 있습니다. 근본적으로 느낌이라는 우회로를 통해서 전달하는 모든 것은 결국 아이들의 내면 생활이 성장하도록 만듭니다. 반면에 단순한 표상으로 가르치는 것은 죽은 것이고, 죽은 채 남아 있습니다. 표상을 통해서는 반사상反射像만 가르칠 수 있을 뿐입니다. 표상을 가르치는 동안 우리는 별 가치가 없는 머리에 일을 하는 격입니다. 머리는 아이가 정신적인 세계에 있었던 시기와 관련해서만 가치가 있을 뿐입니다. 우리가 활기찬 느낌을 가지고 표상을 가르치면, 여기 이 지구상에서 의미가 있는 것, 즉 혈액에 들어 있는 것에 일을 하는 것입니다.

20. 예를 들어 공기 펌프에 달린 배기종排氣鐘의 진공 상태를 생각하면 공간을 파괴하는 적대적인 힘에 대한 느낌이 반드시 생겨나야 합니다. 공기를 다 빼고 난 다음에 끔찍하게 텅 빈 공간을, 배기종의 진공 상태를 더 생생하게 그려 보여 줄수록 더 많은 것을 이룰 수 있습니다. 이런 느낌이 옛 시대 언어에는 들어 있었습니다.

Horror vacui.[03] 옛사람들은 공기가 없는 공간에서 흘러나오는 일종의 공포감을 감지했습니다. 그런 것이 언어에 있었습니다. 우리는 그런 것을 다시 느끼도록 배워야 합니다. 공기가 없는 공간과 비쩍 마른 사람 사이에 어떤 유사성이 있는지 느끼도록 배워야 합니다. 셰익스피어만 해도 ─특정한 신체 상태를 염두에 두는 경우─ 주로 뚱뚱한 사람, 몸집이 좀 든든한 사람이 사랑받는 편이라는 것을 짐작하게 만듭니다.[04] 표상만 많이 들어 있을 듯한 대머리에 비쩍 마른 사람은 별로 사랑받지 못합니다. 비쩍 마른 사람이나 거미, 그리고 진공 상태, 반드시 이 양자 간의 유사성을 느끼도록 배워야 합니다. 그러면 인간 내면에 들어 있을 수밖에 없는 세계 느낌을 불확정 요소를 통해서 하듯이 아이에게 건네주게 됩니다.

21. 교육학에 관해 논의할 경우 언제나 객관성에 대한 온전한 인간의 관계에 관해 말해야 합니다. 그렇게 하

---

03 호러 바쿠이Horror vacui_ 빈 공간에 대한 공포, 공간 공포를 의미하는 라틴어 옮긴이

04 셰익스피어William Shakespeare의 극본 『율리우스 카이사르Julius Caesar』 제1부 2막 카이사르의 대사를 참조하라.

면, 물질주의 시대에 사실상 거의 손상된 수업 과목에 특정한 건강성을 다시 불어넣을 수 있게 됩니다. 요즘에는 아데르할덴[05]처럼 뻔뻔하게 굴기가 쉽지 않은 상황입니다. 언젠가 도르나흐에서 열린 오이리트미 공연에서 제가 소개말을 했습니다. 공연이 끝난 후에 —그당시 제가 체조와 체조의 보건적 의미 등에 관해서도 이야기했는데— 생리학자인 아데르할덴이 생리학적으로 뒷받침할 만한 것이 체조에 없다고 했습니다. 체조는 교육 수단이 절대 될 수 없고, 오히려 상상할 수 없이 유해한 것이라고 했습니다. 체조를 교육 수단으로 인정하지 않았습니다. 교육 수단이 아니라 야만적인 것이라 했습니다. 요즘은 그렇게 대담하고 솔직하게 모든 것을 말할 수 없는 세상이 되었습니다. 좀 뻔뻔하게 굴면, 요즘 흔히 그렇듯이 사람들한테 엄청난 공격을 받습니다. 이 주제를 잘 생각해 보면 실제로 그렇지 않습니까? 체조의 모든 것, 즉 오늘날 물질주의 과학에서도 최악의 의미에서 순수하게 신체적-육체적인 것에 집어넣는 모든 것이 마치 우상처럼, 맹목적 숭배물처럼 작

---

05 에밀 아데르할덴Emil Aderhalden(1877~1950)_ 생리학자, 화학자

용하지 않습니까? 스웨덴 체조에서 강인하게 육체적인 것으로 부르든, 육체를 초월하는 것 혹은 육체 이하의 것으로 부르든, 독일 체조에서 육체적인 것으로 부르든, 어떻게 명명하는 지와 무관하게 항간에 널리 숭배되고 있습니다. 이런 것은, 제가 앞에서 의미한 그런 표상이 아니라 물질주의 시대에 형성된 나쁜 표상에 따라 인간을 오로지 신체적-육체적 존재로 여기는 데에서 출발합니다. 인간은 이러저러한 자세로 있어야 한다는 생각에서 출발합니다. 다음과 같이 자세를 설명합니다. "등은 너무 심하게 뒤로 휘면 안 된다. 어느 정도만 휘어야 한다. 흉부는 특정 형태를 띠어야 한다. 팔과 손은 특정 방식으로 움직여야 한다. 몸의 전반적인 자세는 … " 간단히 말해 있는 그대로의 인간이 아니라 인위적으로 만들어 낸 그림을 생각합니다. 생각해 낸 것을 그림으로 그릴 수 있습니다. 종이 찰흙으로 그 형태를 만들 수 있습니다. 스웨덴 체조에서 올바른 자세로 인정된 모든 것이 종이 찰흙 인형에 들어 있습니다. 그것을 보여 주고 그대로 따라 하라고 시킵니다. 인간을 자루처럼 이용하는 것이지요. 이런 과정을 실행하면, 진짜 인간과는 눈곱만큼도 관계하지 않게 됩니다.

스웨덴 체조나 독일 체조가 제시하는 모든 것이 담겨 있는 종이 찰흙 인형과 관계할 뿐입니다. 그 이상의 인간은 무엇인지 전혀 개의치 않고 그런 육체 연습만 시킵니다. 눈앞에 인간이 있다는 것을 전혀 고려하지 않습니다.

22.   바로 그렇기 때문에 체조는 당연히 비난 받아야 합니다. 근본적으로 보아 경멸적인 것입니다. 체조를 통해서 인간이 실질적으로 차단됩니다. 이런 이유로 체조는 이른바 인류 문명에 깊은 타격을 가했습니다. 인간이 과학을 통해 이론적으로 차단되고, 체조를 통해서 실질적으로 차단됩니다. 인간을 종이 찰흙 인형의 모방자로 만듭니다. 교육에서 그런 것을 다루는 것은 목표가 될 수 없습니다. 체조를 할 때 취해야 할 자세와 움직임은 동시에 내적으로 체험하는 것이어야 합니다. 그런 것을 내적으로 체험할 수 있는 것이 인간 본질입니다. 호흡 기능을 예로 들어 봅시다. 맛이 좋은 음식을 먹고 있는 것과 비슷한 느낌이라고 말하고 싶은데, 숨을 들이쉴 때 그와 비슷한 느낌이 나직하게 있다는 것을 아이들한테 가르칠 수 있어야 합니다. 그 느낌이 사실상 미각 표상으로, 맛보기로 바뀌어서는 안 됩니다.

숨을 들이쉴 때 나직한 메아리처럼 머물러야 합니다. 들이마시는 숨과 함께 저 바깥 세상에 있는 신선한 어떤 것을 체험할 수 있어야 할 뿐입니다. 아이들에게 숨을 들이쉬게 하고 바깥에 있는 신선한 어떤 것을 감지하게 만드는 것이지요. 여러분은 아이들이 다음과 같은 질문을 하게 될 정도로 노력해야 합니다. "숨으로 들이쉬는 것이 어떻게 물들었을까요?" 들숨을 실제로 감지하는 순간에 아이들은 다음과 같은 것을 말합니다. "초록색 같아요, 자연 같은 초록색이에요!" 들숨을 초록색으로 느끼도록 아이에게 가르쳤다면 어떤 것을 좀 이룬 것입니다. 그렇게 되면 아이가 숨을 들이쉴 때 특정 자세를 취하려 한다는 것을 분명하게 알아챌 수 있습니다. 내적인 체험을 통해서 들숨에 대한 올바른 자세를 취할 줄 알게 되는 것이지요. 그 다음에 체조 연습을 시킬 수 있습니다. 숨을 내쉴 때도 상응하는 느낌을 체험하도록 지도해야 합니다. 아이가 숨을 내쉬면서 다음과 같이 말할 수 있어야 합니다. "숨을 내쉴 때 나는 무엇이든 할 능력이 있는 사람이 된다." 이런 식으로 날숨을 느끼면, 숨을 내쉬면서 자신을 역량 있는 인간으로 느끼면, 날숨으로 자신의 힘을 세계와 나누고 싶다는 듯이 느끼면, 하체나 사지로 하는 어떤 움직임이, 머리나 팔로 하는 어떤 자세가 자신에게 어울리는지 올바른 방식으로 체험하게 됩니다. 먼저 날숨에 대한 완벽한 느낌을 얻어야 비로소 올바른 움직임을 체험할 수 있게 됩니다.

23. 바로 이런 것에 인간이 들어 있습니다. 이런 것에서 정말로 인간을 만납니다. 이런 것에서 우리는 인간을 종이 찰흙 인형을 따라 하는 자루처럼 취급하지 않습니다. 인간의 육체적-물질적 부분을 인도하는 것은 영적 부분입니다. 우리는 이 영적 부분과 함께 움직입니다. 정신적-영적 체험에 따라 아이에게서 육체적 움직임을 이끌어 내야 합니다. 아이가 느끼는 다른 것에서도, 팔다리의 움직임, 걸음걸이, 심지어 단순한 자세 등 어디에서나 우리는 영적 체험을 발달시켜야 합니다. 그러면 그 영적인 체험 자체가 아이의 육체적-물질적 부분을 움직이고, 체조가 오이리트미에 바로 연결됩니다. 실제로 이렇게 되어야 합니다. 오이리트미는 정신적-영적인 것을 직접적으로 전면에 드러나도록 합니다. 인간의 움직임 전체를 영혼과 정신으로 채웁니다. 오이리트미는 인간이 인류 발달 과정에서 정신적-영적으로 작

업해 온 것을 출발점으로 삼습니다. 그런데 물질적-육
체적 부분 역시 정신적으로 체험할 수 있습니다. 이 방
향으로 충분히 전진하면, 호흡과 신진대사를 체험할
수 있습니다. 자신의 육체적-신체적 부분을 감지할 수
있을 정도로 진보할 수 있습니다. 그렇게 되면, 저는 고
차 영역에서 오이리트미로서 아이에게 다가가는 것이
라 표현하고 싶은데, 그런 것이 체조에 흘러들 수 있습
니다. 오이리트미와 체조 사이에 다리를 만들 수 있습
니다. 하지만 아이가 육체적-물질적 부분으로 하는 체
험에서 체조로 실행하는 것을 건져 내야 합니다. 정신
적-영적 체험에서 건져 내야 합니다. 그 다음에 이 정
신적-영적 체험에 아이가 육체적-물질적 부분을 적응
시키는 방식으로 일해야 합니다.

24. 그렇게 수업을 하려면 우리는 당연히 많은 것을 배
워야 합니다. 왜냐하면 자신을 위해서, 그리고 주로 수
업에 적용하기 위해서 그런 표상을 많이 다루어야 하
기 때문입니다. 그런 표상은 기억하기가 대단히 어렵습
니다. 이런 주제는 수학자가 수학 공식을 다루는 것과
유사합니다. 수학 공식을 기억하지는 못하지만 필요한
순간에 다시 만들어 낼 수 있는 수학자가 더러 있습니

다. 우리가 살아 있는 신체적-정신적-영적 인간에 관해 형성하는 표상도 그와 같습니다. 매번 다시 완전히 생생하게 그 표상을 만들어 내야 합니다. 그렇게 하면 역으로 그것이 우리에게 유익하게 작용합니다. 우리가 온전한 인간을 근거로 삼아 일을 하면 아이들을 고무하게 됩니다. 여러분이 수업 준비에 많은 노력을 기울였다고 합시다. 수업 자료와 열심히 씨름을 했다고 합시다. 그렇게 한 다음에 교실에 들어가면 아이들이 완전히 다르게 배운다는 것을 알아챌 것입니다. 고상한 교사가 되어 편안하게 대강 준비한 경우와 완전히 다릅니다. 저는 학교 가는 길에 건성으로 수업 자료를 내리훑는 교사도 본 적이 있습니다. 교사가 아이들한테 가르쳐야 하는 것뿐만 아니라 요령이나 손놀림에 속하는 것 역시 개인적으로 씨름을 해서 배우면, 이는 수업에 직접적으로 깊은 영향을 미칩니다. 교사는 수업 내용에 속하지 않는 다른 것도 다루어야 합니다.

25.   삶에는 정신적 연관성이 있습니다. 어떤 노래를 가르치기 전에 여러분이 먼저 정신적으로 들었다면, 그렇지 않은 경우에 비해 아이들에게 훨씬 더 많이 작용할 수 있습니다. 이런 것에는 연관성이 있습니다. 물질적

세계에는 정신적 세계가 작용합니다. 이 정신적 세계의 작용은 특히 교육학, 방법론, 종교 수업에 적용되어야 합니다. 예를 들어 종교 수업을 준비하면서 교사 자신이 자연스럽게 경건한 느낌을 경험한다면, 수업이 아이들한테 작용합니다. 먼저 경건한 정서를 발달시키지 않은 교사의 종교 수업을 통해서는 아이들에게 생겨나는 게 별로 없습니다.

세 번째 강의

1921년 6월 14일

아이의 생명에 수업을 맞추기
깨어 있을 때와 잠자는 동안 인간 존재 구성체에 일어나는 효과
오이리트미, 음악, 물리, 역사
과목 사이의 조정
삼지적 인간에 맞춘 수업 시간표
기술을 익히는 일과 판단력
지리 수업의 공간적 관찰
역사에서 시간 요소 고려하기
잠자는 인간을 간과하면 인간을 자동 기계로 만든다.

1. 오늘은 수업에서 다룬 내용을 아이들 생활에 적응시키는 것에 관해 몇 가지 이야기하겠습니다. 인간에 대한 진정한 앎을 근거로 하지 않으면 수업에서 다룬 내용을 실생활에 절대 맞출 수 없습니다. 이는 의심할 여지없는 사실입니다. 오늘날에는 인간 존재의 정신적 부분을 근본적으로 인정하지 않습니다. 육체가 있다는 것만 의식합니다. 영혼 같은 것이 육체를 지휘한다고 인정하는 사람이 더러 있기는 하지만, 그런 경우에도 영혼은 대단히 애매모호한 형태로 부유할 뿐입니다. 오늘날 사람들은 정신적인 것과 영적인 것의 내적 구체성을 전혀 생각하지 못합니다. 바로 이 구체성을 인지학이 인간 인식에 들여놓아야 합니다. 그러면 인간의 생명 과정에 교육과 수업을 완전히 의식적 방식으로 적응시키는 게 비로소 가능해질 것입니다.

2. 조금만 생각해 봐도 알 수 있는 것을 예로 들겠습니다. 여러분이 이야기를 해 준다고 합시다. 아니면 흑

판에 그림을 그리거나 물리적 실험을 통해서 어떤 것을 보여 준다고 합시다. 곡을 연주해서 들려주는 상황을 예로 들어도 됩니다. 이런 모든 것을 통해서 여러분은 일단 아이들의 외적, 육체적 실재와 관계하게 됩니다. 그런데 이렇게 눈과 귀 등 육체적 실재를 통한 우회로에서, 수업 내용을 파악하는 오성을 통한 우회로에서 여러분이 아이 내면에 들여놓는 것은 즉시 완전히 다른 현존 형태를 거칩니다. 학교가 파하고 아이들이 집에 갑니다. 저녁에 잠이 듭니다. 잠자는 동안 아이의 나/Ich와 아스트랄체가 육체와 에테르체를 벗어납니다. 육체를 통한 우회로에서 ─에테르체도 거기에 관여한다고 봅시다─ 여러분이 아이들과 함께 일한 것이 아스트랄체와 나/Ich 속에서 계속 작용합니다. 그런데 이 두 구성체는 잠을 자는 동안 완전히 다른 환경에 있고, 잠을 잘 때만 거칠 수 있는 것을 경험합니다. 여러분이 가르친 것도 그것을 함께 경험합니다. 아스트랄체와 나/Ich 속에 남아서 작용하는 그 상태에서 함께 경험합니다. 육체를 통한 우회로에서 아이들한테 가르친다는 것은 가르친 내용이 아스트랄체와 나/Ich에 들어가도록 하는 것을 의미합니다. 이로써 여러분은 아이들이 잠자는 동안 사는 양식에 영향을 미칩니다. 다음 날 아이는 잠자는 동안 경험한 것을 가지고 학교에 옵니다. 이 사실을 반드시 명심해야 합니다.

3. 아주 단순한 예에서 이것을 분명히 알아볼 수 있습니다. 아이가 오이리트미를 하거나 노래를 부를 때는 아이의 육체 자체가 활동합니다. 그렇게 활동 중인 육체와 에테르체가 아스트랄체와 나/Ich 속으로 그 활동에 들어 있는 것을 밀어 넣습니다. 아스트랄체와 나/Ich가 육체와 에테르체의 활동을 함께하도록 강요됩니다. 처음에는 실제로 아스트랄체와 나/Ich가 함께하기를 거부합니다. 이 둘의 힘은 육체와 에테르체의 힘과는 다른 종류라 특정 방식으로 극복되어야 합니다. 나/Ich와 아스트랄체가 일단 저항합니다. 신체성을 통해서 —오이리트미는 좀 더 육체를 통해서, 악기 연주 등 음악을 듣는 것은 에테르체를 통해서— 외부에서 가르쳐지는 것에 차츰차츰 적응해야 합니다. 인간이 잠들어서 깨어날 때까지 경험하는 세계에 나/Ich와 아스트랄체가 들어섭니다. 낮에 아스트랄체와 나/Ich 속에 밀어 넣은 모든 것이 진동합니다. 아스트랄체와 나/Ich가 낮에 오이리트미를 하고 음악적으로 체험한 것을 정신세계에

서 하듯이, 달리 말해 훨씬 더 확장되고 정신화 된 방식으로 따라합니다. 그 모든 것을 따라합니다. 잠자는 동안 정신세계에서 체험한 것을 아이들이 아침에 학교에 가지고 옵니다. 육체와 에테르체에 그것을 담아 옵니다. 바로 이것을 수업에 참작해야 합니다.

4. 인간을 전체성으로 고찰해 보면 극히 복합적인 형상을 띠고 있습니다. 우리는 수업과 교육에서 그 복합적인 형상을 다루어야 합니다. 좀 더 개별적인 사항과 관련해서는 다음과 같이 설명할 수 있습니다. 오이리트미를 하는 아이를 봅시다. 아이의 육체가 움직입니다. 육체의 움직임이 에테르체에 전해집니다. 아스트랄체와 나/Ich는 일단 주저합니다. 육체와 에테르체의 활동으로 일어나는 것이 특정 방식으로 나/Ich와 아스트랄체에 새겨 넣어집니다. 잠이 들면 이 두 가지가 육체와 에테르체를 벗어납니다. 낮에 새겨 넣어진 것을 완전히 다른 정신적 힘에 연결합니다. 아침에 그것을 가지고 육체와 에테르체에 돌아옵니다. 잠자는 동안 정신세계에서 받아들인 것이 오이리트미를 하는 동안 육체와 에테르체가 체험한 것과 기이한 조화를 이루게 됩니다. 잠자는 동안 거친 정신적 체험이 그 전날 수업에서

경험한 것과 들어맞는 효과가 생겨납니다. 오이리트미를 하는 그 자체에 특별히 건강하게 작용하는 힘이 들어 있습니다. 그런데 이 힘은 잠자는 동안 정신세계에서 일을 한 나/Ich와 아스트랄체가 다시 육체와 에테르체에 들어올 때 비로소 드러납니다. 이런 방식으로 오이리트미를 가르치면, 정신적 실재성이라 표현할 수 있는 것을 다음 날 아침에 깨어날 때 육체와 에테르체에 들여옵니다. 노래 부르기도 이와 굉장히 유사합니다. 노래를 부를 때 전개되는 본질적인 것은 에테르체의 활동입니다. 이때 아스트랄체가 에테르체에 적응해야 합니다. 처음에는 저항하다가, 결국 그것을 정신세계에 가져갑니다. 다시 돌아왔을 때 건강하게 작용하는 힘으로 드러납니다. 다음과 같이 말할 수 있습니다. "오이리트미는 실제로 좀 더 육체를 건강하게 만드는 힘으로 드러난다. 노래 부르기는 좀 더 운동 기관에 작용하는 힘으로 드러남으로써 움직임을 근거로 육체 건강에 영향을 미친다."

5. 이런 것은 교육에 대단히 유용하게 쓰일 수 있습니다. 예를 들어서 다음과 같이 적용할 수 있습니다. 저는 물론 이상을 말합니다. 하지만 교사진은 그 이상에 도달

하도록 노력해야 합니다. 예를 들어서 일주일에 한 번씩 오후에 오이리트미를 합니다. 그날 밤에 정신세계에서 그것이 펼쳐집니다. 다음 날 제가 어제 이야기한 의미의 체조를 시킵니다. 이렇게 하면 체조가 어느 정도 건강하게 작용하면서 아이의 육체에 파고듭니다. 이런 방식으로 오이리트미와 체조를 번갈아 하면 굉장히 많은 것을 이룰 수 있습니다. 모든 전제 조건이 충족될 수 있다면, 다른 방식으로도 많은 것을 이룰 수 있습니다. 낮에 아이들에게 노래 연습을 시킵니다. 아이들은 노래를 부르면서 체험한 것을 밤에 정신세계에 가지고 갑니다. 다음 날에는 악기 연습을 시킵니다. 그러니까 아이들 스스로 활동하기보다는 좀 더 귀 기울여 듣도록 만드는 것이지요. 전날 음악 시간에 연습한 노래를 다음 날 악기 연습을 통해 귀 기울이도록 해서 확고하게 만들면 아주 건강한 방식으로 작용합니다. 전제 조건이 갖추어져서 이런 이상적 요구 사항을 모두 채울 수만 있다면, 인간의 생명 조건에 맞춰서 수업을 구성할 수 있고, 그로써 상상을 초월할 정도로 아이들을 건강하게 만들 수 있습니다. 이와 관련해 우리는 훨씬 더 멀리 나가고자 합니다.

6. 이번에는 물리 수업을 예로 들겠습니다. 실험을 한다고 합시다. 제가 어제 이야기한 것을 기억해 보십시오. 표상은 머리로만 한다고 했습니다. 판단하기는 리듬 인간이, 결론 내리기는 신진대사-사지 인간이 한다고 했습니다. 결론은 다리와 발로 내립니다. 이것을 생생하게 눈앞에 떠올리면, 다음과 같이 말할 것입니다. "인간이 자신을 근거로 행하는 것, 즉 의지적인 것을 지각하기는 표상하기가 아니라 결론 내리기와 깊은 관계가 있다." 우리가 자신의 신체를 본다면, 신체 자체는 결론입니다. 표상은 눈으로 신체를 향하는 순간에만 있습니다. 하지만 우리가 특정하게 반¼의식적 혹은 무의식적 과정을 실행할 때는 그 전체를 체험하게 만드는 것을 다음과 같이 요약합니다. "바로 이것이 신체다." 이는 이미 결론의 지각입니다. 지각을 하는 동안, 이해하면서 지각하는 동안 이미 수많은 결론을 형성합니다. 지각을 하는 동안 인간 전체가 이미 결론들 속에 들어 있습니다. 우리가 물리 시간에 실험을 하는 것이 바로 그 경우입니다. 왜냐하면 우리가 실험을 하는 동안 아이들이 계속 자신의 인간 전체를 통해 수용하도록 만들기 때문입니다. 이 수용 과정에서 결론이 아이들에게

계속 흘러들어 갑니다. 판단은 보통 전혀 지각되지 않고 아주 깊은 곳에 있습니다. 그래서 다음과 같이 말할 수 있습니다. "우리가 실험을 하는 한 인간 전체가 그것에 열중하도록 만드는 것이다."

7.   물리 수업에서 실험을 한다고 아이들에게 교육적으로 대단히 유익한 것을 한다고는 말할 수 없습니다. 아이들이 실험에 관심을 보일 수는 있습니다. 하지만 보통으로 조직된 그대로의 인간은 아직 너무 허약해서 언제나 전체 인간으로서 최대한 활동하는 것은 불가능합니다. 아무도 그렇게 할 수 없습니다. 아이가 언제나, 끊임없이 전체 인간으로서 활동하는 것은 무리입니다. 수업에서 실험을 한다고 합시다. 아니면 아이들이 외부 세계에 주의를 기울이도록 합니다. 이것은 아이들한테 너무 강하게 자신을 벗어나라고 강요하는 것입니다. 수업과 교육에서 사실상 중요한 것은 삼지적 인간의 세 구성체를 정말로 고려하는 것입니다. 각 구성체가 정당화되어야 합니다. 세 구성체가 적절하게 상호 작용하도록 도와야 합니다.

8.   여러분이 아이들 앞에서 실험을 한다고 가정해 보십시오. 이는 인간 전체가 최대한 활동하도록 요구하는

것입니다. 그렇게 하면 인간 전체에 무리가 됩니다. 실험을 끝낸 다음에 실험 기구를 뒷전에 밀어 둡니다. 그리고 실험 과정 전체를 죽 이야기해 줍니다. 방금 전에 체험한 것을 기억하도록 고무하는 것이지요. 바로 전에 보여 준 실험 과정을 이야기로 다시 반복해서 기억으로만 그 과정을 떠올리도록 하면, 특히 리듬 체계가 생생하게 됩니다. 우선 인간 전체가 최대한 활동하도록 한 다음에 리듬 체계와 머리 체계가 활동하도록 만듭니다. 이렇게 반복 학습을 하면 당연히 머리 체계도 활동합니다. 실험 과정을 이야기해 준 다음에 물리 수업을 마칩니다. 일단 인간 전체에 최대한 일을 시킨 다음에 주로 리듬 체계에 일을 시킵니다. 그리고 수업을 끝냅니다. 아이가 저녁에 잠이 듭니다. 잠자는 동안 아스트랄 체와 나/Ich가 바깥에 나가면, 낮에 여러분이 처음에는 전체 인간에, 그 다음에는 리듬 체계에 시킨 것이 사지 속에 계속 살아 있습니다.

9.   이번에는 잠자리에 남아 있는 것, 그러니까 낮에 한 활동이 계속 울리도록 만드는 것을 들여다봅시다. 그러면 전체 인간과 리듬 체계 속에 양성된 것 모두가 머리 인간으로 흘러드는 게 보입니다. 그것으로 머리 인간

속에 그림들이 만들어집니다. 아침에 일어나서 아이들이 학교에 오면, 여러분이 그 그림들을 발견합니다. 실제로 그렇습니다. 아이들은 모릅니다. 하지만 아이들 머릿속에는 여러분이 전날 실험을 한 다음 반복해서 생생하게 이야기해 준 것이 그림으로 들어 있습니다. 전날 실험한 것을 다음 날 아침에 머릿속에 사진으로 지닐 수 있도록 가르칠 수 있습니다. 아이들이 정말로 머릿속에 사진을 가지고 옵니다.

10.   실험을 한 후 상상력을 고무하는 차원에서 순전히 이야기로만 반복한 내용을 다음 날에는 좀 더 생각하도록, 고찰하도록 만듭니다. 그에 관한 고찰로 넘어가는 것이지요. 그러면 그림들이 실제로 아이들의 의식에 떠오릅니다. 그러니까 물리 수업에서 먼저 실험을 합니다. 그렇게 보여 준 것을 이야기로 반복합니다. 다음 날 그 주제를 고찰합니다. 이 고찰을 통해서 아이들이 지금껏 보고 들은 것에 대한 법칙을 배우게 됩니다. 여러분이 전날 다룬 것을 다음 날 좀 더 사고하는 쪽으로, 표상하는 쪽으로 이끌어 가면, 아이들이 아침에 학교에 가져오는 그림들, 사진들이 본질 없는 현존을 영위하지 않도록 배려하게 됩니다. 아이들이 머릿속에 사진

을 가지고 학교에 옵니다. 물론 아이들은 그 사실을 모릅니다. 그 상태에서 여러분이 다시 어떤 실험을 하면, 고찰을 통해서 양분을 주는 대신 힘든 일로 전체 인간을 혹사시키는 것입니다. 머릿속 그림들을 뒤죽박죽 휘저어서 혼란을 일으키는 격입니다. 모든 상황에서 가장 먼저 해야 할 일은 존재하고자 하는 것을 확고하게 고정시키는 것입니다. 그것에 양분을 주어야 하고, 양분을 줄 수 있는 방식으로 수업을 계획할 줄 알아야 합니다. 수업은 생명 과정에 적응하도록 계획되어야 합니다.

11. 이번에는 역사 수업을 예로 들겠습니다. 역사를 가르칠 때는 사건을 외적으로 설명하지 않도록 주의해야 합니다. 그런 것 모두 특정한 의미에서 배제해야 합니다. 여기에서도 생명 과정에 적응하도록 인위적으로 수업을 구성해야 합니다. 다음과 같은 방식으로 그렇게 할 수 있습니다. 첫날에는 단순한 사건을, 공간과 시간 속에서 외적으로 일어난 사건을 이야기로 들려줍니다. 그러면 아이들이 공간적으로 표상해야 하기 때문에 전체 인간이 바쁘게 움직일 수밖에 없습니다. 실험이 전체 인간을 활동하게 만드는 것과 같은 이치입니다. 여러분이 이야기해 주는 것을 아이들이 공간적으로 상

상해서 정신적으로 끊임없이 보도록 유의해야 합니다. 뿐만 아니라 시간적으로도 상상하도록 만들어야 합니다. 그 다음에 이야기에 등장하는 인물이나 사건에 관해 설명합니다. 그런데 조금 전에 한 것처럼 그저 사건을 나열하는 게 아니라 그 특성을 상세히 그려 주어야 합니다. 먼저 사건으로 나열한 것을 주목하도록 한 다음, 그중에 어떤 것의 성격을 보여 주는 것이지요. 이렇게 두 단계를 거치면, 첫 번째 단계에서는 인간 전체가, 두 번째 단계에서는 리듬 인간이 애를 쓰도록 만든 것입니다. 이렇게 두 단계로 수업을 한 다음에 아이들을 집에 보냅니다. 다음 날 아침에 아이들이 학교에 옵니다. 전날 머리로 함께 일한 것의 정신적 사진을 가지고 옵니다. 이번에는 좀 더 고찰하는 식으로 수업을 하면서 그 정신적 사진에 화답합니다. 예를 들어서 미트리다테스 6세[01]나 알키비아데스[02]가 훌륭한 인물인지 아닌지 고찰합니다. 그러니까 첫날에는 등장 인물이나 사

미트리다테스 6세Mithridates VI. Eupator(기원전 135~63)_ 아나톨리아 북부 폰토스 왕국의 왕 옮긴이

알키비아데스Alkibiades(기원전 450~404)_ 고대 그리스 아테네의 정치가, 웅변가, 장군 옮긴이

건의 특성을 좀 더 객관적으로 그려 주고, 다음 날에는 그것을 판단하고 고찰하는 식으로 수업을 합니다. 이렇게 하면 삼지적 인간의 세 구성체가 실제로 올바른 방식으로 조화를 이루게 됩니다.

12. 여러분이 생명 과정에 진정으로 상응하며 수업 전체를 제대로 구성하면, 실제로 무엇을 이루는지 알아볼 수 있습니다. 그런데 이런 것은 우리 학교에서 하는 것처럼 한 과목을 일정 기간 계속해서 다루도록 교과 과정을 계획해야 가능합니다. 오늘은 물리를 한 시간 수업하고, 내일 같은 시간에 종교 수업을 해야 한다면, 절대 불가능합니다. 교과 과정이 그렇게 되어 있다면, 전날 수업에서 남은 것을 다음 날 어떻게 참작할 수 있겠습니까? 제가 제안하는 식으로 수업 전체를 계획하는 것은 물론 대단히 어렵습니다. 그래도 그런 식의 수업 구성에 적어도 접근은 할 수 있습니다. 여러분이 발도르프학교의 교과 과정을 잘 생각해 보면, 적어도 그렇게 하고자 시도하고 있다는 것을 모든 구석에서 발견할 것입니다.

13. 이에 더해 반드시 모든 연관성을 진정으로 조망해야 합니다. 제가 어제 말한 것을 한번 상기해 보십시오. 인

간은 머리로만 논리를 하지 않는다고 했습니다. 인간 전체가 논리학자입니다. 이 점을 염두에 두면, 순전한 손놀림을 필요로 하는 수업의 진가를 인정할 것입니다. 우리 학교에서는 남자아이들도 뜨개질 같은 것을 해야 한다는 의견이 나왔는데, 이는 절대 엉뚱한 생각이 아닙니다. 손으로 그런 활동을 하면, 본질적인 것을 판단할 능력을 실제로 강화하는 것이 양성됩니다. 본질적인 것에 대한 판단 능력이 거의 양성되지 않는 경우는 아이들에게 논리 연습을 시킬 때입니다. 논리 연습은 판단 능력을 양성하기에 전혀 적절하지 않습니다. 주어와 술어를 연결하는 식으로 논리 연습을 시키는데, 이 것은 판단 능력을 키우는 데는 전혀 도움이 되지 않습니다. 기껏해야 판단 능력을 융통성 없이 완고하게 만드는 데 일조할 뿐입니다. 그런 논리적 사고 연습을 너무 많이 하면, 후일의 인생에서 언제나 어떤 유형에 따라서만 판단하는 사람이 됩니다. 유형적 인간이 되도록 교육하는 것입니다. 게다가 그런 판단 연습으로 몸에 소금이 너무 많이 쌓입니다. 사람이 소금에 절여진다는 것 외에 다른 결과는 생겨나지 않습니다. 몸에 소금이 많아지면 땀이 많이 납니다. 아이들이 판단을 내리느라 너무 애를 쓰면 실제로 땀을 흘립니다. 이는 꽝장히 쉽게 알아볼 수 있는 현상입니다. 낮에 판단 연습을 너무 많이 하면, 밤에 잠을 잘 때 심하게 땀을 흘립니다. 육체적-신체적인 것은 정신적인 것의 순수한 표현이라는 사실을 모르는 상태에서 우리가 정신적으로 되고자 하면, 달리 말해 너무 심하게 일방적으로 정신적으로 되고자 하면, 대부분은 신체를 다루게 됩니다. 그것도 잘못된 방식으로 그렇게 합니다. 주로 표상 능력을 다루는 데에서 출발하는 헤르바르트[03] 교육학은 결과적으로 인간 신체를 파괴하고 맙니다. 교육을 하는 사람이라면 이런 것을 반드시 알고 있어야 합니다.

14. 생활의 다른 현상과 관련해서도 이것을 알아볼 수 있습니다. 품위가 좀 있는 사람이라면 세계관이나 종교에 따라 —물론 이런 것은 나름대로 깊은 의미가 있습니다— 한 번쯤은 설교를 들을 기회가 있습니다. 그런 설교는 대부분 아주아주 추상적입니다. 심지어 실제 인생사는 제쳐 두고 고귀한 영역에 들어서라 강요

헤르바르트Johann Friedrich Herbart(1776~1841)_ 독일 철학자이자 교육학자. 교육의 목적은 윤리학에, 방법은 심리학에 기초를 둔 교육학을 조직화 했다. 옮긴이

하는 듯합니다. 회개하라, 믿으라는 등으로 설교합니다. 의심할 여지없이 그 모든 것에는 깊은 의미가 있습니다. 하지만 그런 설교를 통해, 특히 추상적 내용의 설교를 통해 현실에서 무엇이 일어나는지 반드시 알아야 합니다. 자연의 연관성에 관해 배운 게 전혀 없는 사람, 사고의 배후에 있는 자연의 연관성을 전혀 모르는 사람, 자연 현상에서 기쁨 같은 것은 조금도 느낄 수 없는 사람, 이런 사람이 인생과 상당히 동떨어진 것을 설교한다고 한번 가정해 보십시오. 오늘날에는 인생과 아무 관계가 없는 것들이 자주 설교됩니다. 사람들이 그런 것을 듣습니다. 그런 설교로 사람이 눈에 띄게 금세 병들지는 않습니다. 그래도 육체적으로 아주 조금 병이 듭니다. 외적으로 알아챌 수 없을 만큼 아주 조금 육체적으로 병듭니다. 어쩐지 대부분의 설교로 몸이 좀 편찮아집니다. 설교를 들은 바로 다음 몇 시간 동안 질병 과정이 일어납니다. 통증이 생깁니다. 의식의 문지방을 완전히 넘어서지 않을 뿐입니다. 의식의 절반 혹은 4분의 1 정도로만 그것을 체험하면서 몸 상태가 상당히 거북하다고 느낍니다. 그런데 그런 상태가 생겨나면 안 됩니다. 설교를 통해서 정신적 영역으로 올라가지 않았습니까? 설교로 인해서 몸에 병이 든다는 생각을 해서는 안 되겠지요. 그래서 그 괴로운 상태를 해석합니다. 자신을 죄인으로 느낍니다. 그리고 깊이 뉘우칩니다. 이것이 설교에 이어지는 질병에 대한 해석입니다. 어찌 보면 이런 것은 특정한 의미에서 무의식적으로 교활하게 의도된 것일 수 있습니다. 왜냐하면 그렇게 함으로써 아주 자연스럽게 인간이 자신을 죄인으로 느끼도록 만들 수 있기 때문입니다.

15. 이것은 현대 생활에서 완전히 일반적 현상이며, 다른 모든 쇠퇴 현상과 연결되어 있습니다. 제가 이런 것을 이야기하는 이유는, 정신적인 것을 잘못 다루면 정신적 부분이 아니라 신체적 부분에, 그것도 완전히 구체적인 방식으로 신체적 부분에 영향을 미친다는 것을 보여 주고 싶어서입니다. 그리고 교육과 수업을 할 때는 신체적 부분과 정신적 부분의 조화가 실제로 어떤지 언제나 알고 있어야 한다는 것 역시 보여 주고 싶어서입니다.

16. 때로는 기괴한 것이 작용합니다. 그것은 비록 관찰되지 않았지만 그럼에도 문화사에서 가장 중요한 것에 속하는 사항입니다. 지난 19세기에서 대략 60년대 이래 교과 과정에서 지리 수업이 역사 수업에 비해 실제

로 뒷전에 밀린 시기가 있었습니다. 교사 임용 시험에서도 지리를 언제나 다른 과목에 부속시켰습니다. 그것에 별 신경을 쓰지 않았습니다. 주로 역사 교사가 지리를 떠맡았습니다. 지역에 따라서는 자연사 수업에 집어넣기도 했습니다. 실제로 지리는 한동안 등한시되었습니다. 제가 지난 시간에 도르래와 추의 역학 장치와 관련해 이야기한 것[04]을 한번 생각해 보십시오. 활동하는 인간은 세계 전체 속에 들어 있으며 세계와 연결되어 있습니다. 머리 인간처럼 세계로부터 고립되어 있지 않습니다. 그렇게 세계 속에서 활동하는 인간을 생생하게 그려 보면, 공간 없이는 절대 생각할 수 없습니다. 활동하는 인간은 공간에 속합니다. 다리와 발 인간인 한 인간은 공간 세계의 구성원입니다. 공간적인 것을 고려하면, 아이들에게 지리를 가르친다는 것은 아스트랄체가 특정 방식으로 '양다리로-똑바로-서게-만든다'는 것을 의미합니다. 지리를 가르치면 실제로 아스트랄체 아래 부분이 응집되고 튼튼하게 됩니다. 인간의 정신적-영적 부분이 아래쪽으로 응집됩니다. 달리

---

04 두 번째 강의 7문단 그림(49쪽)

세 번째 강의

말해 지리를 그림처럼 생생하게 가르치면, 인간을 내적으로 특정하게 강화시킬 수 있습니다. 그런데 나이아가라 폭포가 엘베강에 있지 않다는 것만 가르치는 식으로 지리 수업을 해서는 안 됩니다. "엘베강과 나이아가라 폭포 사이에 거리가 얼마나 되는가?" 이것도 의식하도록 가르쳐야 합니다.

17.　정말로 생생하게 지리를 가르친다는 것은 아이들을 확고하게 공간에 세운다는 것을 의미합니다. 그렇게 아이들 내면에 세계에 대한 관심을 불러일으키는 것을 양성하면, 이것이 매우 다양한 방식으로 효과를 보입니다. 생생하게 이해하면서 지리를 배운 사람은 '공간-내부에-그-옆'을 배우지 않은 사람에 비해 더 친절하고 긍정적으로 주변 사람을 대하게 됩니다. 다른 사람 옆자리에 서기를 배우기에 타인을 배려할 줄 아는 사람이 됩니다. 지리 수업은 굉장히 강하게 도덕 함양으로 넘어갑니다. 지리를 뒷전에 밀어 둔다는 것은 이웃 사랑에 대한 혐오를 의미합니다. 어쨌든 우리 시대에는 이웃 사랑이 점점 더 뒷전에 밀려나는 수밖에 없습니다. 이런 연관성은 사람들이 보통 알아채지 못할 뿐 실제로 존재합니다. 왜냐하면 문명 현상에는 언제나 특

정한 잠재의식적 이성이나 어리석음이 작용하기 때문입니다.

18.   시간과 관계하는 내용을 다루는 역사 수업은 완전히 다르게 작용합니다. 역사를 올바르게 가르치려면 반드시 시간을 적절하게 반영해야 합니다. 역사 수업에서 그림만 제시한다면, 시간을 거의 배려하지 않는 것입니다. 예를 들어 카롤루스 대제에 관해 가르친다고 합시다. 카롤루스 대제가 마치 아이들의 삼촌쯤 되는 것처럼 이야기를 해 줍니다. 그러면 아이들을 혼란에 빠트리는 것입니다. 카롤루스 대제에 관해 이야기할 때는 언제나 시간 차이를 선명하게 드러내야 합니다. 저는 다음과 같이 말할 것입니다. "너희가 지금 아주 어린 아이라고 한번 상상해 봐라. 너희가 아버지의 손을 잡고 있다고 하자." 그러면 아이들이 그에 관해 상상합니다. 이제 아버지 나이가 아이보다 얼마나 더 많은 지 분명히 해 줍니다. 그 다음에 아버지가 할아버지의 손을 잡고 있다고 합니다. 이렇게 하면 대략 60년을 거슬러 올라간 것이지요. 이제 할아버지에서 증조할아버지, 고조할아버지로 거슬러 올라갑니다. 그리고 대략 30세대를 거슬러 올라가면 카롤루스 대제가 살았던 시대라고 알

려 줍니다. 먼저 아이부터 시작해서 아버지, 할아버지, 증조할아버지까지 세대를 거슬러 올라갈 수 있다는 것을 보여 줍니다. 그렇게 올라가 만나는 30번째 할아버지가 카롤루스 대제 시대에 살았다고 가르칩니다. 그러면 시간적 거리에 대한 느낌을 얻습니다. 주제를 고립시켜서 전달하는 게 아니라 시간적 거리를 느끼도록 해야 합니다. 이는 역사 수업을 올바르게 하는 데 대단히 중요한 사항입니다.

19. 물론 다양한 시대를 다루면서 그 특성적 차이를 알려 줄 필요는 있습니다. 그래야 아이들이 시대별 차이에 대한 표상을 습득합니다. 중점은 역사와 관련하는 것이 시간 표상, 시간 관조 속에 산다는 것입니다. 그렇게 해야 인간 내면성에 강하게 작용합니다. 인간 내면성을 강하게 고무합니다. 역사 수업에 올바른 위치를 부여하지 않고, 지리적으로 국한된 지역의 역사만 반복해서 전달하며 먼 곳에서 일어나는 사건은 거의 고려하지 않는 방식으로 특정 의도를 가지고 아이들 내면성에 개입하면, 왜곡된 애국심 등 특정 사항을 염두에 두고 가르치면서 역사 수업에 잘못된 위치를 부여하면, ─여러분은 이런 것과 거리가 멀기 때문에 예시

를 들지 않아도 된다는 생각입니다— 인간 내면이 이기적이고 변덕스러워집니다. 부작용이 생겨나는 것이지요. 그런 식의 역사 수업으로 인해 사람이 다른 무엇보다 세계 현상을 객관적으로 마주 대하는 것을 혐오하게 됩니다. 바로 이것이 우리 시대에 가장 큰 폐해입니다. 시대가 흘러가는 동안 지리를 적절하게 다루지 않고 역사를 잘못 가르쳤기 때문에 우리 시대에 병든 많은 것이 생겨났습니다. 여러분도 역사 시간에 배운 것을 되돌아보면 적잖은 현상을 제대로 다루기가 대단히 어렵다고 시인할 것입니다.

20.   이것이 바로 교육과 수업이 생명 조건에, 생명 자극 자체에 건강한 방식으로 연계되어야 할 때 어떤 식으로 이루어져야 하는지 보여 주는 예시입니다. 우리는 어떤 내용을 다루는 데에만 신경 쓰면서 수업을 해서는 안 됩니다. 무엇보다도 신체적, 영적, 정신적 관계에서 인간의 생명 조건을 반드시 주시해야 합니다. 특정한 의미에서 인간이 언제나 우리 눈앞에 서 있어야 합니다. 더 정확히 말하자면, 잠 들어서 깨어날 때까지 아주 깊이 함께 일을 하는 존재인 한에서 전체인 인간 자체를 조망하는 식으로 우리 눈앞에 서 있어야 합니다.

특히 인간이 깨어만 있는 것이 아니라 잠도 잔다는 사실을 전혀 고려하지 않는다면, ㅡ오늘날 수업은 예외 없이 이 사실을 전혀 고려하지 않습니다. 인간이 잠을 잔다는 사실을 전혀 생각하지 않습니다. 기껏해야 건강과 관련해서만 수면 상태를 볼 뿐입니다ㅡ 낮에 수업에서 가르친 것이 잠자는 동안 어떤 방식으로든 계속해서 작업된다는 것을 고려하지 않는다면, 완전히 특정한 효과가 생겨납니다. 밤에 잠자는 동안 인간에게서 어떤 것이 빠져나간다는 사실을 전혀 참작하지 않고 가르치면, 인간을 자동 기계로 만듭니다.

21. 실제로 다음과 같이 말할 수 있습니다. "오늘날의 교육과 수업은 여러 관계에서 보아 인간을 인간적으로 만들지 않는다. 평가 주의에 따른 결과로서 유별난 유형의 자동 기계로 만든다." 오늘날에는 인간이 본질적으로 평가 주의에 따라 교육됩니다. 평가 주의가 본질적으로 중시하는 것은 인간이 아니라 졸업장이나 특정 학위 등 각종 증서입니다. 우리 앞에 두 사람이 있다고 합시다. 그 두 사람이 졸업장이나 추천장을 가지고 있으면 되지 사실 각기 다른 두 개인이라는 것은 전혀 중요하지 않습니다. 앞에 서 있는 사람이 김씨인지 이씨

인지 등은 전혀 중요하지 않습니다.

22.   이런 현상은 교육에서 깨어 있는 인간만 고려한다
는 데 기인합니다. 정신적인 것을 완전히 부정함으로
써 잠자는 동안 일어나는 것은 전혀 보지 않기 때문입
니다. 철학자 중에서도 데카르트[05]와 베르그송[06]에게
서 이것이 끔찍한 양상으로 드러납니다. 이 철학자들
은 나/Ich가 인간 내면에서 지속하는 것이라고 주장합
니다. 언제나 나/Ich만 주시해야 하고, 나/Ich에서 실재
성을 파악해야 한다는 것입니다. 제가 이런 철학자에
게 진지하게 알려 주고 싶은 것이 있습니다. 그들도 잠
이 들면 존재하기를 멈추고 깨어나면 다시 존재하기 시
작한다는 것입니다. 왜냐하면 잠이 들어서 깨어날 때
까지는 나/Ich가 파악되지 않기 때문입니다. 그 시간 동
안 나/Ich는 물러납니다. 그러므로 데카르트와 베르그
송의 현존 공식인 "나는 생각한다, 고로 나는 존재한
다."는 절대 가능하지 않습니다. 그것은 다음과 같이 되

---

05 르네 데카르트René Descartes(1596~1650)_『제일 철학에 관한 성찰
Meditationes de prima philosophia』(1641)

06 앙리 베르그송Henri Bergson(1859~1941)_『창조적 진화L'Évolution
créatrice』(1907)

어야 합니다. "1867년 6월 2일 아침 6시부터 저녁 8시까지 생각했다. 고로 그 시간에 나는 존재했다. 그리고 다음 날 아침 6시부터 저녁 8시까지 생각했다. 고로 나는 그 시간에 존재했다." 네, 이렇게 하면 존재라는 것이 이해하기 아주 어려운 물건이 됩니다. 그러니 '그 사이에 놓인 것'을 삭제하는 게 낫습니다. 사람들이 온갖 종류의 관념이나 추상성만 다루려 하고 인간 존재의 근저에 놓인 실재성은 무시하기 때문에 '그 사이에 놓인 것'을 사고하지 않습니다.

23. 수업에서는 실재성을 다루어야 합니다. 그렇게 해야 인간을 교육할 수 있게 됩니다. 우리가 지금은 조직이나 기관을 제대로 만들어 내는 데 신경을 쓸 필요가 없습니다. 인간으로 교육된 사람들이 그것을 만들어 낼 것입니다. 그런데 바로 여기에 정신생활이 독자적이고 독립적인 것이어야 한다는 사실을 깊이 이해할 수 있게 만드는 것이 있습니다. 먼저 인간 교육에 작용하고, 조직과 기관은 그 결과라고 생각할 때만 인간을 교육할 수 있습니다. 이런 까닭에 정신생활은 국가나 경제 기관의 부속물이 될 수 없습니다. 정신생활은 전적으로 그 자체를 근거로 삼아 발달해야 합니다.

네 번째 강의

1921년 6월 15일

유기체로서 학교

신체적–육체적인 것과 영적–정신적인 것의 관계

육체 활동과 표상 활동

쓰기, 읽기, 이야기 듣기

생각하는 정신적 활동은 특히 신체적인 것에 부담이 된다.

소금 침전

흥미, 지루함의 효과

오이리트미, 노래 부르기를 통해 사지 속에서 정신적인 것이 풀려 난다.

상상력이 풍부한 아이와 그렇지 못한 아이

인간 자유에 개입하는 교육

달달 외우며 배우기

공예 수업

1. 지금까지 고찰한 내용에서 여러분은 교사가 모든 면을 고려할 경우 육체적-신체적 인간에 대해서도 정확하게 알고 있어야 한다는 결론을 얻었을 것입니다. 이렇게 외관상 아이들을 교육하는 일과 상당히 거리가 멀어 보이는 사항에 관해 이야기하는 이유는 현재 우리 목전에 대단히 중대한 과제가 놓여 있기 때문입니다. 신학기가 시작되면 일반 고등학교 1학년에 해당하는 10학년을 신설할 예정입니다. 그 학년은 사춘기 청소년들로 이루어집니다. 특히 신중을 기해 다루어야 하는 나이대를 맞이하는 것이지요. 그래서 다음 며칠 동안 그 발달 과정에 있는 나이대를 근본적으로 고찰하도록 노력하겠습니다.

2. 물론 그 학년을 가르치는 교사만의 문제라고 말할 수도 있습니다. 하지만 그런 생각은 옳지 않습니다. 우리 교사들은 함께 점점 더 성장해서 하나의 유기체가 되어야 합니다. 그래서 결국 교사마다 특정 방식으로 모

든 아이의 교육 전체에 직접 혹은 간접적으로 관여할
수밖에 없도록 되어야 합니다.

3.   대략 14~16세까지 청소년에게 필요한 것을 고찰하기
전에, 오늘은 일단 몇 가지 다른 것을 설명하고자 합니
다. 그것을 근거로 교사 회의에서 10학년 교과 과정을
짤 수 있기 때문입니다.

4.   우선 어제와 그저께 시작한 방식으로 몇 가지 사항
을 더 이야기하겠습니다. 가장 먼저 제가 여러분 영혼
에 새겨 넣고 싶은 것은 성장하는 인간, 즉 아이의 정신
적-영적 부분과 육체적-신체적 부분 사이의 연관성을
고찰하는 방식입니다. 오늘날 교육에는 정신적-영적인
것이 거의 지성적 형태로만 존재합니다. 정말로 생생하
게 살아 있는 정신생활은 현대 문화 생활에 완전히 부
재합니다. 가톨릭 교회가 지배적인 중유럽에서 가톨릭
주의는 변질된 형태를 띠고 있습니다. 그래서 정신생활
을 매개하는 데 종교에서 특히 큰 도움을 받는다고 말
할 수 없습니다. 신교의 정신생활은 많든 적든 완전히
지성적으로 되었습니다. 이로 인해 사실상의 정신생활
이 발도르프학교에 들어오는 것은 교사진이 인지학을
하는 사람들로 구성될 때만 가능합니다. 아이들에게

인지학을 가르치는 게 아니라, ―발도르프학교는 세계관을 전달하는 장이 되어서는 절대 안 됩니다― 교사들이 취하는 자세와 태도, 영혼에 담고 있는 것을 통해서 정신적-영적인 것이 측정할 수 없는 물질처럼 학교에 영적으로 들어오게 됩니다.

5. 학문 분야마다 아이들이 반드시 배워야 할 것을 가르친다고 합시다. 예를 들어서 아이들과 함께 읽으면서 가르치는 것, 혹은 읽기를 가르치면서 하는 것, 산수 시간에 사고내용으로 가르치는 것, 자연이나 자연사 수업에서 가르치는 것 등, 생각으로 표현되는 모든 것을 통해서 아이들에게 전달하는 것은 표상일 뿐입니다. 그리고 아이들에게 표상을 전달하는 것은, 유기체와 관련해 부분적으로는 다른 활동에 개입하지만 독자적으로 촉진되는 활동과 완전히 다른 종류입니다. 오이리트미, 음악, 체조 수업에서는 육체적-신체적 부분이 완전히 독자적으로 촉진됩니다. 특정 방식의 악기 수업 역시 그렇습니다. 하지만 노래 부르기는 그렇지 않습니다. 물론 이 모든 것을 상대적으로 고찰해야 합니다. 그렇다 해도 이런 수업에서 가르치는 것뿐만 아니라 쓰기나 읽기로 가르치는 것 역시, 달리 말해 육체 활동을

강하게 요구하는 과목은 그렇지 않은 경우와 정반대라 할 수 있습니다. 육체 활동이 글씨를 쓸 때는 대단히 큰 역할을 하는 반면에 산수를 할 때는 별 역할을 하지 않습니다.

6. 실은 이 모든 것에 관해 세부적으로 많은 것을 다루어야 하는데, 일단 육체 활동에 중점을 둔다는 차원에서 쓰기를 예로 삼아 설명하겠습니다. 쓰기와 관련해 두 가지 유형이 있습니다. ―이에 관해 제가 더러 이야기했기 때문에 처음부터 교사 회의에 참석한 사람은 잘 알고 있을 것입니다― 네, 글씨 쓰기와 관련해 사람들을 두 가지 유형으로 구분할 수 있습니다. 특정한 의미에서 손목에서 글씨가 흘러나오는 듯이 쓰는 사람이 있습니다. 글씨체가 문자 그대로 손목에 들어 있습니다. 특히 상업 고등학교에서 펜글씨 쓰기 수업을 그런 식으로 합니다. 손목에 쓰기가 들어 있습니다. 글씨를 쓸 때 근본적으로 이것만 고려합니다. 첫 번째 유형에 속하는 사람은 이런 식으로 쓰기를 배우는 성향이 있습니다. 다른 유형은 글씨체를 바라보는 성향이 있습니다. 자기가 쓴 글씨를 언제나 바라봅니다. 그리고 비록 아주 조금이라도 자신의 글씨에 미학적인 태도를 취

합니다. 자기가 쓴 글씨를 바라봅니다. 그리고 글씨체가 어떤지 등 그런 것에 만족스러워합니다. 이런 사람은 화가 유형입니다. 쓰기가 손목에 들어 있지 않은 것이지요. 회사원처럼 글씨를 쓰는 사람은 그림 그리듯 쓰지 않습니다. 어떤 상업 고등학교에서 아주 기이한 방식으로 펜글씨 쓰기를 가르치는 것을 실제로 본 적이 있습니다. 글씨 하나하나마다 먼저 손목을 휙 휘두르도록 시켰습니다. 특정 방식으로 손목을 휘두르는 데에서 글씨가 생겨나도록 했습니다. 이 경우 글씨체가 화려한 성격을 띠었습니다. 단, 너무 심하게 이런 식으로 글씨를 쓰면 좀 끔찍한 상태가 될 수 있다는 사실을 반드시 유의하기 바랍니다. 여러분도 더러 본 적이 있을 것입니다. 글씨를 쓰기 전에 꼭 펜을 공중에 휙 휘두르는 사람이 있습니다. 종이에 펜을 대기 전에 먼저 손목을 한번 휙 돌립니다. 너무 심하게 그렇게 하다 보니 습관이 되었다면 사실 끔찍한 상태에 있는 것입니다.

7. 우리는 아이들에게 그림 그리듯 쓰기를 가르쳐야 합니다. 이렇게 쓰는 게 보건적인 면에서 더 낫고 건강합니다. 글씨를 쓰는 동시에 바라보면서 글씨체에 미학적인 만족감을 느낀다면, 달리 말해 그림을 그리는 것처

럼 쓴다면, 기계적인 면이 좀 더 육체 속에 되밀어 넣어 집니다. 손목이 아니라 좀 더 내적인 유기체가 글씨를 쓰게 됩니다. 이것은 대단히 중요합니다. 왜냐하면 기계적인 면이 유기체 외부에서 좀 더 인간 전체로 되돌아가도록 유도되기 때문입니다. 여러분이 그림 그리듯 쓰기를 성공적으로 가르치고 나면, 아이들이 나중에는 발가락으로 글씨를 쓸 수 있게 된다는 것을 관찰할 수 있습니다. 아이들이 엄지와 검지 발가락 사이에 연필을 끼고 제대로 된 모양으로 글씨를 쓸 수 있다면, 대단한 성과를 거둔 것입니다. 이는 육체적 기예를 양성해야 한다는 의미가 아닙니다. 하지만 그렇게 하면, 인간 전체에 기계적 활동을 전가轉嫁하게 됩니다.

8. 사람들 대부분은 이런 면에서 굉장히 미숙합니다. 탁자 아래 떨어진 물건을 발가락으로 주워 올릴 수 있는 사람이 거의 없습니다. 사실 그 정도는 할 수 있어야 합니다. 이런 말을 하면 보통 기괴하게 여깁니다. 하지만 그런 활동이 중대한 것을 가리킨다는 것을 여러분도 이해하게 될 것입니다. 그림 그리는 것처럼 쓰기를 가르쳐야 하는 이유는, 그렇게 함으로써 한편으로는 사실상 기계적 활동이 육체 속에 되밀어 넣어지기 때문입니

다. 그 다음에 그림 그리듯 쓴 것, 즉 글씨에 대한 관계가 표면에, 더 정확히 말해 표면 외곽에 이끌어 올려집니다. 인간이 주변 환경에 끼워 맞춰지는 것입니다. 어떤 활동을 할 때 그 모든 것을 눈으로 보도록 습관 들여야 합니다. 어떤 일을 아무 생각 없이 그저 하기만 해서는 안 됩니다. 눈으로 보면서 해야 합니다. 그런데 요즘에는 대부분 아무 생각 없이 그저 쓰기만 합니다.

9. 쓰기는 대단히 다방면적 활동입니다. 그렇기 때문에 쓰기를 특정한 의미에서 중요한 것으로 고찰해야 합니다. 산수 수업에서는 쓰기 활동이 별로 고려되지 않습니다. 셈을 할 때는 주로 사고 활동을 해야 하기 때문입니다. 그 시간에는 많든 적든 쓰기를 뒷전에 밀쳐 둘 수 있습니다.

10. 이번에는 아이들과 함께 어떤 것을 읽는다고 합시다. 이때 인간 내면에 실제로 무엇이 일어나는지 분명히 알고 있어야 합니다. 읽기는 —그 장면을 생각해 보면— 일단 정신적 활동입니다. 이 활동이 육체성에 들어갑니다. 이렇게 생각하는 활동, 정신적 활동을 하는 경우 육체 조직 중에서도 섬세한 부분이 특히 더 많은 일을 해야 합니다. 생리학자가 되어 두뇌 깊은 곳에 있는 부분,

즉 두뇌의 백질에 관한 사항을 들여다보면 알 수 있는 문제입니다. 두뇌에서 백질 부분은 다른 부분에 비해 더 완벽하게 조직되어 있습니다. 좀 더 기능적으로 발달되어 있습니다. 반면에 두뇌의 바깥 쪽 회백질은 인간의 경우 완전히 특별하게 형성되어 있다 해도 발달에 있어 아주 뒤쳐진 단계에 있습니다. 회백질은 두뇌에 양분을 공급하는 역할을 합니다. 발달 단계에 따르면 더 완벽한 것은 두뇌 피질이 아니라 더 안쪽에 있는 부분입니다. 아이들에게 주로 관찰해야 하는 내용을 가르치면, 혹은 읽어야 하는 주제를 가르치면, 두뇌의 회백질이 굉장히 심하게 일을 하도록 강요하는 것입니다. 그렇게 하면 인간 내부에 아주 섬세한 신진대사 과정이 일어납니다. 인간 내부에서 일어나는 섬세한 신진대사 과정이 전체 유기체로 확산됩니다. 매우 섬세하다 해도 실제로 그 과정이 일어납니다. 아이들에게 가장 정신적인 활동을 시킨다고 생각하는 바로 그런 과목에서 우리가 실은 가장 심하게 육체적-신체적으로 작용합니다. 관찰하기, 읽기, 이야기 듣기 등으로 수업을 한다는 것은 신진대사 과정에 아이들을 밀어 넣는 것입니다. 신진대사에 집중하도록 강요하는 것입니다.

이는 '정신성을 신체성에 새겨 넣기'라 표현할 수 있습니다. 우리가 관찰을 하거나 이야기를 들려주면서 발달시키는 것은 일종의 육화 과정을 필요로 합니다. 육체적 심상 같은 것이 형성되고, 이것이 전체 유기체에 편입됩니다. 이것이 유기체 속에서 섬세한 염분을 만들어냅니다. 이 과정을 너무 조야하게 상상하지 마십시오. 전체 유기체에 염분 심상이 편입됩니다. 그러면 신진대사를 통해 그 염분을 해체해야 한다는 불가피성이 생겨납니다.

11.   이것이 읽거나 이야기를 듣는 동안 아이들 속에 일어나는 과정입니다. 우리가 수업에서 정신적-영적으로 일을 시킨다고 믿는 활동은 대부분 신진대사를 야기합니다. 바로 이 점을 수업에서 철저하게 고려해야 합니다. 그러므로 아이들에게 이야기를 들려주거나 책을 읽게 할 때는 두 방향으로 오류 없이 수업을 구성해야 합니다. 그 첫 번째는 이야기나 읽기 주제에 대한 관심을 어느 정도는 분명하게 유발하는 방향으로 일을 해야 한다는 것입니다. 아이들이 어느 정도 관심을 가지고 모든 내용을 따르도록 만들어야 합니다. 관심과 흥미가 아이들 영혼에 들어 있고 아이들 영혼 속에서 작

용한다면, 그 자체가 이미 일종의 섬세한 쾌감입니다. 바로 이것이 언제나 있어야 합니다. 이 섬세한 쾌감이 육체에 극미한 샘 분비로 드러납니다. 이야기를 듣거나 책을 읽으면서 쌓인 염분이 이 샘 분비에 의해 흡수됩니다. 지루하게 수업을 해서는 절대 안 됩니다. 아이들이 지겨워하는 것을 가르쳐서는 안 됩니다. 별 관심도 흥미도 생기지 않는 것을 억지로 배우다 보면 염분이 생겨 몸 전체에 퍼집니다. 그러면 후일 인생에서 실제로 각종 신진대사 질병을 앓게 됩니다. 주로 여자아이의 경우 이 점을 특히 고려해야 합니다. 아이들이 어쨌든 배워야 하는 모든 내용을 재미 있는 이야기 형태의 옷을 입히지 않은 채 일방적으로 꾹꾹 눌러담아서 생기는 결과 중에 하나가 편두통입니다. 여자아이들이 제대로 용해되지 않는 자그마한 꼬챙이로 가득 채워집니다. 그런 꼬챙이가 형성되는 경향이 있습니다.

12.   이런 사항을 반드시 주시해야 합니다. 그러면 교사가 당면하는 사실상의 어려움은 이러저러한 주제를 제대로 다룰 시간이 없다는 데에 있다는 것을 알아봅니다. 오늘날에는 읽을거리가 굉장히 많이 있습니다. 그런데 우리는 서점에서 잘 팔리는 읽을거리를 이용하지 않도

록 전력을 기울여야 합니다. 아주 끔찍한 종류의 읽을 거리를 여러 개 골라서 수업에 이용하는 반을 우리 학교에서 이미 보았습니다. 우리는 아이들에게 미래의 인생을 위한 육체를 현재 준비해 준다는 사실을 잊어서는 절대 안 됩니다. 오늘날 세간에 널려 있는 서적처럼 천박한 물건으로 가르치면, 아이들의 섬세한 기관을 천박한 형태로 만드는 것입니다. 아이들이 훗날 온전한 인간이 아니라 속물이 됩니다. 읽기를 통해서, 읽기의 가르침을 통해서 아이들의 전체적 양성에 우리가 얼마나 깊이 일을 하는지 명확하게 알고 있어야 합니다. 그 모든 것이 훗날 드러납니다. 그러므로 당부합니다. 여러분이 고전 문학이나 다른 문학 작품에서 스스로 읽을 거리를 선택하십시오. 그런 것으로 독서 교재를 구성하기 바랍니다. 요즘 출판되어 유행하는 책은 예외 없이 끔찍한 내용이라 독서 교재로는 아무 가치도 없습니다. 그런 것을 읽을거리로 선택해서는 안 됩니다. 스스로 책을 고르는 게 물론 대단히 귀찮은 일이기는 합니다. 그래도 우리는 이런 사항을 참작해야 합니다. 왜냐하면 발도르프학교의 과제는 사실상 방법론에 속하는 이런 것을 다른 학교와는 다르게 하는 데에 있기 때

문입니다. 아이들에게 읽도록 시키거나 이야기를 들려
주면서 가르칠 때는 심지어 자연사 수업 역시 이 두 방
향에서 절대 손상이 일어나지 않도록 주의해야 합니다.

13.   그에 어느 정도 대립적 의미로 작용하는 것이 노래
부르기와 오이리트미입니다. 이런 수업에서는 완전히
다른 유기적 과정이 일어납니다. 오이리트미나 노래 부
르기에 관여하는 모든 기관의 경우 일단 정신적인 것이
그 안에 들어앉아 있습니다. 아이들이 오이리트미를 하
면서 움직이면, 사지에 들어 있는 정신적인 것이 움직
이는 과정을 통해 위쪽으로 흘러갑니다. 아이들에게 오
이리트미나 노래 부르기를 시키는 것은 곧 정신적인 것
을 해방시키는 것입니다. 사지 속에 가득한 정신적인 것
이 해방되어 나옵니다. 이는 실제 과정입니다. 오이리트
미를 하거나 노래를 부르게 하면 아이에게서 정신적인
것을 정말로 끄집어내게 됩니다. 아이들이 연습을 하고
나면, 거기에서 생겨난 정신적인 것이 활용되기를 기다
립니다. 이에 관해서는 어제 다른 관점에서 분명하게
설명했습니다. 그와 같은 식으로 정신적인 것이 확실하
게 고정되기를 기다립니다. 여러분이 오이리트미나 노
래 부르기 혹은 체조를 통해 아이들을 정말로 정신적

이 되도록 만들었다고 합시다. 아이가 완전히 다른 존재가 되었습니다. 아이 내면에 훨씬 더 많아진 정신적인 것이 확고하게 고정되기를 기다립니다. 계속해서 아이 내면에 머물러 있고자 합니다. 우리는 그것을 다른 곳으로 보내서는 안 됩니다. 이 경우에 가장 간단한 방법이 있습니다. 오이리트미나 체조, 노래 부르기를 한 다음 아이들이 잠시 동안 쉬도록 배려합니다. 단 몇 분이라도 괜찮으니 아이들 모두 잠시 쉬도록 합니다. 정말로 정적을 유지하도록 합니다. 이 정적은 학년이 높은 아이일수록 더욱더 필요합니다. 반드시 그렇게 해야 합니다. 그렇지 않으면, 다음 날 우리한테 실제로 필요한 것이 아이들 내면에 들어 있지 않게 됩니다. 오이리트미나 노래 부르기를 시킨 다음에 좀 쉬도록 배려하지 않고 즉시 교실을 나가도록 해서는 안 됩니다. 그것은 옳은 방식이 절대 아닙니다.

14. 이 모든 것은 근본적으로 세계 원리 중에 하나를 모사합니다. 사람들은 물질과 정신에 관해 온갖 가능한 이론을 만들어 냅니다. 물질과 정신, 이 두 가지에는 고차적인 것이 근거로 놓여 있습니다. 다음과 같이 말할 수 있습니다. "고차적인 것이 조용히 머물면, 그것이 곧

물질이다. 고차적인 것이 움직이면, 그것이 곧 정신이다." 매우 고차적인 이 원리를 인간에 전적으로 적용할 수 있습니다. 인간은 정신적인 것 속에서 해방되는 것을 위한 틀을 앞에서 이야기한 방식으로 쉼을 통해 내면에 만들어 낼 수 있습니다. 그 틀이 모여서 쌓입니다. 그럼 그것을 이용할 수 있습니다. 적절한 방식으로 아이들을 가르치기 위해 다른 주제에서도 가능한 모든 것을 발견할 수 있기 때문에 이런 것을 알고 있으면 어쨌든 도움이 됩니다.

15.   이제 관건은 어떻게 적재적소에 이런 것을 이용하는가 하는 것입니다. 교실에 들어가 보면, 상상력 유무와 상관없이 아이들을 섞어서 앉힙니다. 물론 상상력이 많은지 적은지 고려한다고 해서 아이들 절반은 시인이고 나머지 절반은 시인이 아니라고 생각해서는 안 됩니다. 상상력의 유무는 사실상 상상 활동에서가 아니라 기억력에서 알아챌 수 있습니다. 기억은 상상 활동과 대단히 유사합니다. 여러분도 관찰할 수 있어야 하는 문제인데, 전날 체험한 것이나 들은 것의 그림을 금세 잊어버리는 아이들이 있습니다. 그렇게 그림을 쉽게 망각하는 아이가 있는가 하면, 계속 유지하는 아이도

있습니다. 그림을 계속 지니는 아이를 보면, 그림이 거의 독자적 권력을 가진 듯합니다. 그래서 아이가 원하지 않는데도 계속해서 떠오릅니다. 교사가 이런 두 가지 유형을 알아볼 수 있다면 대단히 유익합니다. 물론 그 양자 사이에는 온갖 가능한 단계가 있습니다. 상상력이 풍부한 아이가 있다면, 주제가 변화된 상태에서 떠오르도록 작용하는 기억이 아이한테 있다는 것을 의미할 뿐이지 다른 게 아닙니다. 훨씬 더 자주 볼 수 있는 것은, 주제가 변화되지 않고 받아들인 그대로 자꾸 떠올라서 그것의 포로가 되는 경우와 모든 것이 완전히 사라져서 아예 기억하지 못하는 경우입니다.

16. 이런 유형의 아이들을 적절한 방식으로 다룰 줄 알아야 합니다. 우리에겐 각 유형의 아이들을 다방면으로 활동시킬 가능성이 실제로 있습니다. 우리가 문자 그대로 최상의 의미에서, 즉 정신적 의미에서 습관이 될 만큼 연습하면 그렇게 할 수 있습니다. 기억력이 좋지 않은 아이들, 즉 그림을 제대로 떠올리지 못하는 아이들에게 어떤 것을 읽어 줄 때 좀 더 관찰하는 쪽으로, 달리 말해 읽어 주는 내용을 주의해서 듣도록 하는 데 역점을 두도록 노력합니다. 반면 수용한 표상의 포

로가 된 것처럼 보이는 아이들은 쓰기, 즉 움직이는 연습을 하는 데 좀 더 주력합니다. 그러니까 상상력이 부족해 보이는 아이들은 읽기와 관찰하기에 역점을 둡니다. 물론 모든 것은 상대적이니 좀 더 그 방향으로 일을 한다는 의미입니다. 상상력이 풍부한 아이들은 그림 그리기, 쓰기 등에 좀 더 역점을 둡니다.

17. 이것을 더 확장할 수 있습니다. 예를 들어서 다음 사항을 ─물론 처음부터 이 모든 것을 실행할 수는 없겠지요. 차츰차츰 습득할 수 있을 뿐이지만, 그래도─ 관찰하는 게 극히 중요합니다. 상상력이 부족한 아이들, 그림을 쉽게 떠올리지 못하는 아이들은 주로 서 있는 상태에서 양팔로 오이리트미를 하도록 시킵니다. 상상력이 풍부한 아이들, 표상이 시도 때도 없이 떠오르는 아이들은 걸어가거나 달리는 등 온몸을 움직이게 하면 특히 유리하게 작용합니다. 이렇게 하면 실제로 도움이 됩니다. 이런 사항을 유의하는 것은 엄청나게 중요합니다. 한 가지를 덧붙이자면, 표상을 떠올리는 것과 관련해 점액질 아이들, 그러니까 별로 뚜렷하지 않게 표상을 떠올리는 아이들에게 특히 자음적인 것을 오이리트미로 연습시키면 대단히 유익하게 작용합니다. 표상이

시도 때도 없이 떠올라 시달리는 아이들은 모음적인 것을 연습시키면 좋습니다. 아이가 오이리트미를 통해 모음화 되면, '유기체에서 표상을 건져 올리기'가 실제로 진정된다는 것을 관찰할 수 있습니다. 반면 자음화 되면 표상이 건져 올려집니다. 상상력이 부족해서 금세 잊어버리는 아이들, 그러니까 표상에 시달리지 않는 아이들은 오이리트미로 자음을 연습하게 합니다. 상상력이 풍부한 아이들, 표상에 시달리는 아이들은 모음을 연습하게 합니다. 이런 것을 염두에 두면 각 유형마다 많은 것을 가르칠 수 있습니다.

18. 한 가지 더 언급하고 싶은 게 있습니다. 아이들이 이 방향으로 어떤 성향을 보이는지, 그러니까 기억력으로 전환하는데 상상력이 부족한지, 아니면 풍부한지, 이런 것에 대한 표상을 여러분이 만들어 내면, 음악 수업을 위해서도 대단히 유익합니다. 상상력이 부족해서 표상을 떠올리기 힘들어 하는 아이들은 악기 연습을 좀 더 시킵니다. 상상력이 풍부한 아이들, 그러니까 표상에 시달리는 아이들은 노래 연습을 좀 더 시킵니다. 아이들을 두 반으로 나눠서 동시에 악기 연습과 노래 연습을 시킬 수 있다면, ―물론 교실이 더 필요한데― 이상

적일 테지요. 음악을 듣는 것과 그것을 노래하고 연주하는 이중적 수업은 아이들에게 상상을 초월할 정도로 작용합니다. 양자가 상호 작용해서 엄청난 조화가 생겨납니다. 두 그룹의 활동을 교대할 수도 있습니다. 예를 들어서 한 그룹에 노래를 시키고 다른 그룹은 듣도록 합니다. 그 다음에는 반대로 한 그룹에 악기 연주를 시키고 다른 그룹은 듣도록 합니다. 이런 식의 수업은 진정 바람직하며 반드시 추구해야 하는 것입니다. 왜냐하면 음악을 들을 때는 특히 머리가 인간 유기체에 해야 할 것에 작용해서 건강하게 만들기 때문입니다. 그리고 노래를 부를 때는 육체가 머리에 해야 할 것에 작용해서 건강하게 만듭니다. 이런 식으로 수업에서 해야 할 것을 모두 할 수 있다면, 아이들이 훨씬 더 건강하게 됩니다.

19. 우리는 인류가 얼마나 퇴보했는지 명확하게 의식하지 못합니다. 한때 인류는 상당히 진보해서 아이들을 많든 적든 자유롭게 뛰놀며 자라도록 버려둘 줄 알았습니다. 특별히 어떤 수업을 받도록 강요하지 않았습니다. 인간의 자유에 개입하지 않았던 것이지요. 오늘날 우리가 하는 것처럼 인간의 자유에 개입하는 방식으로

아이들을 가르치지 않았습니다. 요즘에는 아이가 여섯 살이 되면 벌써 인간적 자유에 개입합니다. 바로 그런 식으로 우리가 범한 오류, 즉 인간의 자유에서 파괴한 것을 올바른 교육을 통해 반드시 교정하고 복구해야 합니다. 수업 방식을 개선해야 한다는 사실을 분명히 하십시오. 그렇지 않으면 끔찍한 상황에 당면할 것입니다. 문맹자가 거의 사라질 정도로 문화가 대단히 발달했다고 자부하는 오늘날 사람들은 학교를 통해 준비된 복제품, 자동 기계일 뿐입니다.

20. 발도르프학교에서는 복제품을 찍어 내는 교육을 절대 피해야 합니다. 아무리 현 교육 상황이 그렇다 해도 우리는 아이들이 각자의 개인성에 도달하도록 도와야 합니다. 이와 관련한 주제가 특히 중요해지는 경우는 특정한 의미에서 인위적인 것을 발달시킬 때, 예를 들어 암송의 모든 형태를 인위적으로 발달시킬 때입니다. 암송은 전혀 간단한 문제가 아닙니다. 암송이란, 아이가 배운 내용을 정신적-영적 부분에서 신체적-육체적 부분으로 가져가는 길 중에 하나를 의미합니다. 여러분이 정신적-영적으로 어떤 내용을 가르쳐야 하고, 아이들이 그것을 달달 외워서 기억해야 한다고 합시다.

이때 일단은 아이들이 그 내용을 이해해야 하겠지요. 왜냐하면 애초에 이해하지도 못하는 내용을 달달 외우게 하는 것은 사실 말이 안 되기 때문입니다. 우선 내용에 대한 이해가 있어야 합니다. 그런데 아이들이 정말로 달달 외울 만큼 배우는 중에 주제를 점점 더 기계적으로, 즉 신체적-육체적으로 만들게 됩니다. 바로 이것이 배워야 할 내용을 일단 주체에 들여간 다음에 객체로 가져가는 길 중에 하나입니다. 이렇게 하는 데 관건은 여러분이 무조건 진실해야 한다는 것입니다. 아이가 내용을 객체로 건너가도록 하는 동안 반드시 자신을 듣도록 배려해야 합니다. 아이가 암송하면서 자신을 좀 듣도록 유의시켜야 합니다. 내용을 암송하는 바로 그만큼 아이가 자신을 들을 수 있어야 합니다. 아이가 자신을 듣기를 점점 더 많이 배우도록 배려해야 합니다. 이런 것은 예를 들어서 아이가 내는 소리를 자신에게서 정말로 구분할 수 있도록 지도하면 이룰 수 있습니다. 아이에게 다음과 같이 말합니다. "암송하는 것이 네 주변에 있다고 상상해 봐. 그러면 너도 그것을 들을 수 있을 거야." 아이가 자신을 들을 수 있도록 지도해야 합니다. 그런데 이것만으로는 절대 충분하지 않습니다.

완전히 다른 것이 더 필요합니다. 달달 외우도록 배우기 전에 주제 자체에 대한 강한 느낌이 아이에게 생겨나도록 하지 않으면, 내용의 사고적-표상적-소유 혹은 감정적-소유와 달달 외우도록 배운 것 사이의 변화 과정을 제대로 발견하지 못합니다. 배워야 하는 내용에 대해 모든 세부 사항에 이르기까지 명백한 느낌을, 명료한 감정을 발달시킬 수 없는데, 더 정확히 말해 그 내용에 대해 올바른 방식의 자세를 취하기 위한 감정을 발달시킬 수 없는데, 달달 외우라고 다그치는 것은 절대 용납될 수 없습니다.

21.   이제 좀 극단적인 경우를 고찰하겠습니다. 기도문을 한번 생각해 보십시오. 아이가 기도문을 배울 때는 언제나 그 내용에 대해 일종의 경외감 같은 것을 느껴야 합니다. 먼저 완전히 경건한 분위기에 들어서도록 반드시 배려해야 합니다. 경건한 마음가짐을 가지도록 이끌어 주지 않은 상태에서 기도문을 가르쳐서는 절대 안 됩니다. 달리 말해 경건한 자세가 없는 아이에게 기도문을 암송하도록 시켜서는 절대 안 된다는 것입니다. 아이 내면에 보일 듯 말 듯한 미소를, 기쁨을, 놀라운 느낌을 일깨우지 않은 상태에서 다정하고 어여쁜 느낌의

시를 외우도록 시켜서는 절대 안 됩니다. 어떤 것을 외우라고 명령하는 게 아니라 내용 자체에서 아이를 일깨워야 합니다. 이는 모든 수업에 해당하는 사항입니다.

22.　인류에서 대단히 많은 것이 차츰차츰 파괴되어 왔습니다. 이 관계에서 조금은 이성적으로 바뀌었기 때문에 여러분은 경험하지 않았을 수도 있는데, 좀 나이가 든 사람은 어렸을 때 외울 필요가 전혀 없는 것을 달달 외우도록 교육받았습니다. 한때 역사를 그런 식으로 가르쳤습니다. 달달 외워야 했습니다. 인문계 고등학교에서 어떻게 역사를 가르치는지 제가 직접 보았습니다. 교사가 역사 교과서에서 한 부분을 읽어 준 다음에 그 내용을 말하라고 시켰습니다. 그러면 아이들은 당연히 달달 외워야 했겠지요. 공부를 아주 잘하는 모범생이 '예루살렘의 카르'라 말했다고 합니다. '러시아 차르'가 아니라 '예루살렘의 카르'로 외운 것입니다. 무엇을 배우는지 상관없었던 것이지요. 이는 실제로 있었던 일로 제가 직접 들었습니다. 관건은 어떻든 간에 외워서 내뱉는 것이었습니다. 이런 식의 수업이 다반사였습니다. 다름 아니라 바로 현재 인류의 쇠퇴와 부패는 과거에 아이들이 지리와 역사 같은 과목을 달달 외우면

서 배웠기 때문에 생겨난 결과입니다.

23. 기도문이나 시 등 당연히 암송할 정도로 배워야 하는 것은 아이가 자신 스스로를 들을 때 느낌을 가지고 할 수밖에 없는 방식으로 면밀히 준비하는 게 필수적입니다. 기도를 할 때 다음과 같은 느낌이 아이 내면에 반드시 생겨나야 합니다. "너는 지금 너 자신을 벗어난다. 너 자신을 벗어나게 하는 어떤 것을 말한다." 우아하고 아름다운 모든 것과 관련해 이 정서가 반드시 있어야 합니다.

24. 이런 것에는 전적으로 육체적-신체적 의미가 있습니다. 왜냐하면 우리가 비장한 내용, 비극적 주제를 가르치면 근본적으로 언제나 아이들의 신진대사에 작용하고, 아름답고 우아한 내용을 가르치면 머리에, 즉 감각-신경 체계에 작용하기 때문입니다. 이 관계에서 우리는 아이들을 건강하게 만들면서 일을 해야 합니다. 예를 들어 흥분되는 사건이나 자극을 찾는 경솔한 성격의 아이가 있다고 합시다. 이런 경우에는 비장한 내용, 비극적 내용을 암송해야 할 때의 마음가짐이 생겨나도록 하면 치유하는 효과가 있습니다. 이런 방식으로 도울 수 있습니다. 교사는 수업을 할 때 이런 요소를 반

드시 참작해야 합니다.

25. 이 모든 것을 이루려면 교사 자신이 수업에 대해 올바른 자세를 취해야 합니다. 여기서 올바른 자세란, 스스로 비록 잠깐이라도 내적으로 명상을 하듯 다음과 같은 질문에 답을 찾고자 반복해서 시도해야 한다는 것을 말합니다. "역사, 지리 등을 가르침으로써 나는 아이들에게 실제로 무엇을 주는가?" 수업에서 하는 것이 무엇을 의미하는지 명확히 한다는 것은 교사에게 필수불가결한 것입니다. 역사, 지리 등을 통해서 아이들에게 전달해야 하는 것에 관해 이 자리에서 이미 온갖 방식으로 이야기했습니다. 이런 주제를 그저 안다는 것에 만족해서는 안 됩니다. 잠깐이라도 괜찮으니 반드시 명상을 하면서 영혼 앞에 불러내야 합니다. 예를 들어서 오이리트미 교사가 아이들의 사지에서 정신을 풀어 준다는 것을 알고 있다면, 읽기를 가르치는 교사가 아이들의 정신적인 것을 신체 속에, 육체 속에 확고하게 만든다는 것을 알고 있다면, 읽을거리를 잘못 읽어 주거나 지겨운 것을 가르치면 후일 신진대사 질병을 앓게 될 경향을 준비한다는 것을 분명히 한다면, 지겨운 내용을 내리읽도록 시키면 나중에 당뇨병 환자가 될 수

있다는 것을 느낄 수 있다면, 그러면 책임감을 제대로 느낄 것입니다. 아이들에게 지나치게 지겨운 내용을 읽도록 시키면, 당뇨병 환자를 양산하는 것입니다. 여러분이 해방시킨 정신을 다시 육체 연습이나 노래 연습으로 진정시키지 않는다면, 후일 인생에서 자신을 잃어버리는 인간을 양산하는 것입니다.

26. 자신이 무엇을 하고 있는지 때때로 명상하며 깊이 숙고하는 것, 이는 교사에게 필수불가결한 덕목입니다. 이것은 짓누르는 느낌이 전혀 아닙니다. 왜냐하면 주로 읽기와 관계하는 교사가 읽기를 통해서 사실 계속해서 어떤 것을 육체로 만든다는 느낌, 인간 육체성에 일을 함으로써 자연적인 성장과 관련해 인간을 강하게 혹은 약하게 이 세상에 들어앉힌다는 느낌을 얻기 때문입니다. 손놀림이나 요령을 가르치는 공예 교사나 목공 교사는 자신이 특별하게 정신에 일을 한다고 말할 수 있게 됩니다. 대바늘 뜨개 같은 의미가 있는 것을 아이들과 올바른 방식으로 할 때, 혹은 기술을 숙달시키는 수업을 통해서 의미가 있는 것을 할 때, 사람들이 보통 정신적인 것이라고 여기는 것을 가르치는 경우에 비해 실제로 더 많이 정신에 일을 하는 것입니다.

27.   이 방향에서 특히 더 많은 것을 할 수 있습니다. 왜
   냐하면 현재 공예 수업을 보면, 아이들이 많은 것을 잘
   못된 방식으로 하는 경향이 있기 때문입니다. 우리는
   이 방향에서 특히 유익하게 작용할 수 있습니다. 도르
   나흐에서 아이들이 수놓은 베개를 본 적이 있습니다.
   작은 베개에 여러가지 모양의 수를 놓는 것이지요. 그
   런데 이런 것을 시킬 때는, 그것이 정말로 베개가 되도
   록 가르쳐야 합니다. 그냥 마음에 드는 모양을 여기저
   기에 수놓는다 해서 베개가 되는 것이 아닙니다. 수놓
   인 것을 보면, 그것을 베고 싶다는 생각이 들어야 합니
   다. 제가 보기에 아이들은 특히 커피 주전자나 차 주전
   자 덮개를 만들고 싶어 하는 듯합니다. 그런데 누구나
   그것을 보기만 해도 어떤 식으로 이용하는지 알 수 있
   는 모양이 되어야 합니다. 주전자 덮개를 아래에서 위
   로 연다고 합시다. 그러면 손이 움직여야 할 방향이 덮
   개에 놓인 수의 모양으로 표현되어 있어야 합니다. 수
   놓인 형태를 보면 어디서부터 덮개를 여는지 알 수 있
   어야 합니다. 요즘 상황으로 인해 아이들이 너무 망가
   져서 주전자 덮개가 열려야 하는 곳에 다음과 같은 모
   양으로 수를 놓습니다.

28. 이것은 거꾸로 된 모양입니다. 주전자 덮개를 어디에 서부터 열어야 하는지, 막혀 있어서 열 수 없는 곳이 어디인지 수놓인 모양에서 알아볼 수 있어야 합니다. 목에 걸치는 것, 예를 들어서 리본 같은 것을 옷의 목 부분에 바느질한다고 합시다. 이 경우에도 아이들이 아래쪽으로는 넓어지고 위쪽으로는 좁아지게 만들어야 한다는 것을 알고 있어야 합니다. 허리띠는 중앙에 가장 넓은 모양으로 수가 놓여서 양쪽으로 동시에 열린다는 것을 보기만 해도 알 수 있어야 합니다. 기능과 형태 사이에 관계가 있다는 것을 가르쳐야 합니다.

29. 이런 것을 고려하면 엄청나게 많은 효과를 거둘 수 있습니다. 단, 눈으로 수의 형태를 보도록 하는데 집중하는 게 아니라 그 관계에 대한 느낌이 생겨나도록 할

때만 어떤 것을 이룰 수 있습니다. "여기 아래에서 양쪽으로 열어 펼친 다음에 위쪽으로 당기면서 열어야 한다. 아래에서 위쪽으로 열어야 한다." 먼저 이렇게 느끼도록 배려하면, 아이가 느낌에 따라 수를 놓습니다. 아래에서 위로 열어야 한다는 것이 일단 느낌으로 바뀌어야 하고, 그 다음에 손으로 해야 할 것을 아이의 손에 들여놓아야 합니다. 이렇게 하면 근본적으로 아이가 자신의 인간 전체로 그 일에 관여합니다. 아이가 자신의 신체 전체로 생각을 합니다. 우리는 아이가 자신이 하는 것을 느낄 수 있도록 늘 배려해야 합니다. 공예 수업에서는 반드시 느낌에 집중하도록 일을 해야 합니다. 예를 들어서 베개 귀퉁이에 수놓아야 하는 경우 특정 느낌이 생겨나도록 해야 합니다. "베개 귀퉁이로 차를 몰고 간다면, 나는 절대 빠져나갈 수 없을 것이다." 이런 느낌이 생겨날 수밖에 없는 모양으로 수놓아야 합니다. 그렇지 않고 어쩐지 빠져나갈 수 있다는 느낌이 든다면, "흠, 여기로 빠져나갈 수 있겠군!" 하는 느낌을 주는 요소가 수놓은 형태에 들어 있는 것입니다. 아이들이 이런 것을 느낄 수 있도록 가르쳐야 합니다. 그러면 공예 교사가 다음과 같이 말할 수 있게 됩니다.

"내가 수업을 하면, 아이의 정신적 활동에 특히 집중해서 일을 하는 것이다." 어떤 교사도 자기 과목이 뒷전에 밀린다고 느낄 필요가 전혀 없습니다.

다섯 번째 강의

1921년 6월 16일

14, 15세의 격변

육체적인 것에 대한 관계를 얻기 위한 씨름

존재 구성체의 분화에 있어 남자아이와 여자아이의 차이

그것이 드러나는 외적 양상

성애性愛

미적 감각, 종교적−도덕적 감각의 강화

사춘기 남자아이와 여자아이를 대할 때 차이

부끄러움

유머

이상, 모범

아이들이 삶을 파악할 수 있도록 수업을 해야 한다.

10학년 수업 계획

1. 오늘은 14, 15세 청소년의 특성을 우리 영혼 앞에 한번 펼쳐 보기로 합시다. 그것을 근거로 다음 며칠 동안 좀 더 교육적-방법론적 방면에서 고려해야 하는 사항을 쌓아 올리겠습니다. 그렇게 하면서 그 나이대의 교육과 수업에 관해서만 다루지 않고, 학교 전체에 해당하는 것도 주시하겠습니다.

2. 인지학적 인식을 바탕으로 삼는 우리는 바로 이 나이대에 아스트랄체가 태어난다는 사실을 알고 있습니다. 이는, 이 나이가 되어야 아스트랄체가 그 특별한 효력을 제대로 발휘하기 시작한다는 의미입니다. 사람이 태어나서 대략 7세가 될 때까지는 주로 육체가 점점 증가하는 추세로 효력을 드러냅니다. 7세부터 14, 15세까지는 주로 에테르체가, 그 다음에는 주로 아스트랄체가 효력을 보입니다. 그런데 아스트랄체는 나/Ich와 나름대로 특별한 관계에 있고, 나/Ich는 20세 이후에야 비로소 완전하게 효력을 드러냅니다.

3. 14, 15세 무렵에 시작되는 청소년기는 아동 발달에 있어 특히 중요합니다. 아이들의 아스트랄체, 에테르체, 육체가 특정한 의미에서 느슨하게 연결되어 있다는 사실에서 여러분도 이 나이대의 중요성을 대략 짐작할 수 있을 것입니다. 밤마다 잠이 들면 아스트랄체와 나/Ich는 에테르체와 육체를 벗어납니다. 그래서 한편으로는 육체와 에테르체가, 다른 한편으로는 아스트랄체와 나/Ich가 어느 정도 더 밀접하게 결합합니다. 반면 밤마다 아스트랄체와 나/Ich가 에테르체와 육체에서 떨어져 나감으로써 한편으로는 아스트랄체와 에테르체가, 다른 편으로는 나/Ich와 육체가 느슨하게 연결된 상태에 있습니다.

4. 바로 이로 인해 14, 15세에 일어나는 변화는 ─여자 아이의 경우에는 조금 더 일찍 시작되는데─ 7세 무렵의 변화와 다른 양상을 보입니다. 아이가 이갈이를 하는 시기, 학교에 들어가야 하는 나이에는 인간의 신체적-육체적 외형 속에서, 더 정확히 말해 잠잘 때 객체로 분리되어 잠자리에 남아 있는 것 속에서 특정한 의미에서 완전히 객관적으로 일어나는 상태와 관계합니다. 성적인 성숙을 통한 변화는 인간이 자신의 주체적 부분인

나/Ich와 아스트랄체를 객체적 부분인 에테르체와 육체에 연결하는 과정입니다. 이런 까닭에 14, 15세에 일어나는 변화는 이갈이를 할 때와는 완전히 다른 방식으로 영적 발달에도 개입하는 것과 관계합니다. 이갈이를 하는 과정에서 육체적-에테르적 연결이 일어납니다. 그 다음에 이 연결이 주체적 부분에 작용합니다. '성적으로-성숙하게-되기'를 통한 변화 과정의 경우 특정 관계에서 육체적-에테르적인 것은 되어 있는 상태 그대로 독자적으로 머뭅니다. 그리고 아스트랄적인 것 역시 되어 있는 그대로 나/Ich와 함께 머뭅니다. 그런데 특정한 의미에서 이 양자 사이에 다른 양식의 교류가 생겨나 양쪽에서, 즉 한쪽에서는 육체적-신체적인 것과 에테르적인 것이, 다른 쪽에서는 나/Ich와 아스트랄체가 동일한 정도로 변화에 관여합니다. 하지만 인간역시 이 과정에 자신의 내적으로 주체적인 성격으로 직접 관여합니다.

5. 이로 인해 성적으로 성숙한 후에 아이들의 성격이 실제로 심하게 바뀝니다. 이런 성격 변화는 외적으로도 알아챌 수 있습니다. 곧바로 완벽하게 성性의 형태를 띠지 않는다 해도 사랑을 할 수 있을 정도로 성숙했다

는 것이 일반적으로 드러납니다. 이뿐만 아니라 다른 아이에게 내밀한 방식으로 매료된다는 것도 일반적 형태로 드러납니다. 특히 초기에는 아직 성적인 것과 별 관계가 없는 방식으로 서로 간에 우정이 생겨나는 것을 볼 수 있습니다. 그런데 이 우정은 이웃 사랑, 즉 보편적 사랑의 힘이 의식적인 방식으로 발달 과정에 들어서서 자란다는 것을 증명합니다.

6. 이 나이가 되면 남자아이뿐 아니라 여자아이에게도 실제로 외적으로 눈에 띄는 것이 있습니다. 지금까지 발달을 고려해 보면 전혀 이해할 수 없는 것, 심지어 지금까지의 개인적 성격에 아주 심하게 모순되는 것, 하지만 특정한 공통성, 일반성을 가리키는 것, 성적인 성숙과 더불어 시작되는 어떤 것이 등장합니다. 특히 남자아이의 경우 ―여자아이의 경우에는 다른 형태를 띱니다― 건들건들하며 무례하게 구는 시절이 시작됩니다. 사춘기에 버릇없이 건들거리는 성향은 특히 내적으로 감지되는 아스트랄체에 그 원인이 있다 해도 과언이 아닙니다. 아스트랄체는 나/Ich를 포괄합니다. 그런데 나/Ich는 아직 완벽하게 펼쳐지지 않은 상태입니다. 나/Ich는 육체적 체계를 체험하기 위한 올바른 관계를

찾는 중이고 그로써 주변 전체에 들어서기 위해 씨름하는 중입니다. 나/Ich가 주체와 객체 간의 관계를 더듬어 찾는 와중에 특정 씨름이 일어납니다. 이 씨름은 지금까지 발달시킨 것을 특정한 의미에서 부정하는 것으로 표현됩니다. 바로 그래서 사춘기에 아이들이 그 전과는 완전히 다르게 버릇없이 건들거리는 것입니다.

7. 무례하고 버릇없이 구는 사춘기의 외적 특성은 누구나 잘 알고 있을 테니 더 상세히 설명할 필요는 없겠습니다. 하지만 그 본질은 교육과 수업을 위해 아주 큰 의미가 있기 때문에 정확하게 고찰해야 합니다. 일단 눈에 띄게 드러나는 것은 여자아이는 아스트랄체가 남자아이에 비해 더 큰 의미가 있다는 것입니다. 아스트랄체는 인생 전반에 걸쳐 남성에 비해 여성에게 더 큰 의미가 있습니다. 여성의 전반적인 기관 자체가 아스트랄체를 통해서 좀 더 우주를 기준으로 삼아 조직됩니다. 실제로 여성을 통해서 우주의 비밀 중 많은 것이 드러납니다. 여성의 아스트랄체는 남성에 비해 본질적으로 더 미세하고 풍부하게 분화되어 있습니다. 남성의 아스트랄체는 특정한 의미에서 덜 분화된 상태로 좀 조야한 편입니다. 이에 반해 여성은 13, 14세부터 20, 21세까

지 나/Ich가 아스트랄체 속에서 형성되는 것에 의해 강력한 방식으로 영향을 받으며 발달합니다. 어떻게 여성의 경우 나/Ich가 아스트랄체에 의해 차츰차츰 흡수되는지, 그래서 20, 21세가 되면 어떻게 나/Ich로 가려는 반대 압력이, 강력한 시도가 일어나는지 보입니다.

8. 남자아이는 본질적으로 다릅니다. 남자아이는 아스트랄체가 나/Ich를 그리 많이 흡수하지 않습니다. 나/Ich가 숨어 있습니다. 제대로 효력을 드러내지 않는 것이지요. 14, 15세와 20, 21세 사이에 남성의 나/Ich는 아스트랄체에 의해 강하게 영향을 받지 않습니다. 사춘기의 남자아이는 나/Ich가 아스트랄체에 흡수되지 않은 채 그대로 머물기는 하지만 독자성을 띠지는 않기 때문에 여자아이에 비해 쉽사리 위선자가 되는 경향이 있습니다. 사춘기에 여자아이는 예를 들어 외적인 처신이나 행동거지와 관련해 남자아이에 비해 쉽게 자유로워집니다. 사춘기 남자아이의 본질을 좀 더 깊이 들여다보면, 아스트랄체에 대한 나/Ich의 이 특이한 관계로 인해 생겨나는 특성이 있습니다. 일종의 '홀로 은거하기'입니다. 이것이 남자아이에겐 굉장히 자주 보입니다. 물론 또래 친구를 만나 우정을 쌓으려고 노력합니다.

하지만 아주 특별한 생각이나 느낌을 가지고 혼자 있고 싶어 합니다. 사춘기에 가능하면 혼자 있고 싶어 하는 것은 남자아이에게 깊이 박힌 특성입니다. 교사로서 여러분이, ─물론 여교사 역시─ 남자아이의 영혼이 조금만 깊이가 있어도 실제로 있는 그 특별한 비밀을 인정하고 조심스럽게 다루면, 그 특성에 극히 유익하게 영향을 미칠 수 있습니다. 그러니까 건들거린다고 해서 너무 심하게 나무라지 말아야 합니다. 비밀스러운 어떤 것이 있다는 것을 인정하고 너그러운 자세를 보여 주면 됩니다. 남자아이는 내적인 은거에 대한 사랑 같은 것이 있습니다. 실제로 조심해야 하는 경우는 이 나이의 남자아이가 자신 내면에 숨어 있으려는 경향을 보이지 않을 때입니다. 혼자 있으려는 경향이 조금도 보이지 않는다면, ─근본적으로 진정한 교사는 이런 것을 알아봅니다─ 반드시 주의해야 합니다. 그런 경우에는 다음과 같은 자세로 일해야 합니다. "저기에 완전히 옳지 않은 것이 있다. 후일의 인생에서 문제를 일으키거나 비정상적으로 될 수도 있는 것이 있다."

9. 여자아이의 경우엔 아주 미세한 차이가 있는데, 이것을 관찰하는 능력을 반드시 습득해야 합니다. 여자아

이의 나/Ich는 많든 적든 아스트랄체에 흡수됩니다. 그로 인해 여자아이는 내적으로 은거하기보다는 에테르체에 들어가면서 삽니다. 더 정확히 말해 나/Ich에 의해 관철된 아스트랄체가 에테르체에 들어가면서 삽니다. 굉장히 강하게 에테르체에 들어가는데 심지어는 외적인 거동이나 손놀림에까지 들어가며 삽니다. 이 발달 과정을 제대로 거치는 여자아이는 특정한 의미에서 과감하게 행동합니다. 그것을 알아챌 수 있습니다. 타인 앞에 자신만만한 태도로 섭니다. 이 시기의 남자아이처럼 내면에 숨으려 하지 않고, 개인성을 강조하면서 당당하게 자신의 입장을 표현합니다. 세상 앞에 거침없이 자유롭게 자신을 드러내는 것이 사춘기 소녀의 자연스러운 본질입니다. 이런 경향이 어느 정도까지 이기적인 느낌과 짝을 이루면 심지어 세상 앞에 '자신을-연출하기', 성격이나 전반적인 개성과 관련해 '자신을-연출하기'로 바뀝니다. 타인 앞에 자유롭게 자신을 드러내기, 자신의 가치를 보여 주는데 역점을 두기, 이것이 사춘기 소녀의 본질적 특성이라 해도 과언이 아닙니다. 이런 성향은 극단적인 경우 허영심, 교태 등으로 바뀝니다. 어쨌든 두각을 드러내기 위해 영적인 것뿐 아니라 외적인 면을 동원하는 등 거의 광적으로 될 수도 있습니다. 열너덧 살 먹은 소녀들이 예뻐 보이기 위해 어떻게 외모에 신경을 쓰는지 관찰해 보면 실로 흥미진진합니다. 일종의 섬세한 미학적 의미에서 그런 경향이 사춘기 여자아이에게 생겨납니다. 그런 모든 것은 나/Ich를 흡수한 아스트랄체가 에테르체에 들어서는 특이한 상태에서 생겨납니다. 이것이 외적으로 드러나면, 발걸음과 자세가 달라집니다. 머리를 한껏 쳐들고 잘난 척하는 등 극단적인 태도를 보이기도 합니다. 우리는 이런 것을 실제로 특정한 예술가적 감각으로 관찰해야 합니다.

10. 남자아이와 여자아이의 차이를 주시하면, —그리고 그렇게 할 가능성이 있으면— 비로소 이해가 가는 것이 있습니다. 남자아이와 여자아이를 함께 다루면, 예를 들어 요령 있게 두 아이를 짝지어서 다루면 많은 것을 이룰 수 있다는 것입니다.

11. 자신의 과제를 잘 아는 교사는 남자아이와 여자아이를 나란히 둔다 해도 특정 방식으로 구분해서 다룰 줄 압니다. 이와 마찬가지로 조금 전에 이야기한 것으로 이 나이대에 특히 중요해지는 것, 즉 주체가 외부 세

계에 대한 관계에서 형성하는 양식과 관련해서도 반드시 구분해서 다룰 줄 알아야 합니다. 왜냐하면 이 시기에 주체가 신체, 즉 에테르체와 육체에 대해 일정한 관계를 맺기 때문입니다. 그런데 이것은 먼저 외부 세계에 대한 적절한 관계가 성립된 것을 전제로 합니다. 우리는 아이들이 학교에 있는 내내 그것을 겨냥해 일해야 합니다. 달리 말해 아이들이 학교에 있는 동안 이 나이대에 중요한 사항을 책임지고 다루어야 한다는 것입니다. 수업을 할 때도 아이들이 첫째로는 ―이 자리에서 이미 자주 논의했는데― 종교적-도덕적 자세에 대한 특정 감각을 얻도록 유의해야 합니다. 둘째로는 세계에 대한 미적 이해, 아름다움, 예술적인 것 등과 관계하는 특정 감각과 표상을 얻도록 배려해야 합니다. 이런 감각과 표상을 고무하는 것은 대략 13~15세 청소년에게 특히 중요합니다.

12. 왜냐하면 사춘기에 아름다움에 대한 감각이 내적으로 전혀 고무되지 않으면, 세계를 미적으로 이해하도록 교육되지 않으면, 관능적으로 되고, 심지어는 이기적으로 될 수도 있기 때문입니다. 성애性愛를 적절한 정도로 감소시키기 위해선 숭고하고 아름다운 자연에 대한 미

적 감각을 건강하게 발달시키는 것보다 더 나은 수단이 없습니다. 아이들이 해돋이와 해넘이의 찬란한 아름다움을, 꽃의 아름다움을, 천둥 번개의 위엄을 느끼도록 지도하십시오. 간단히 말해 미적 감각이 생겨나도록 교육하면, 요즘 드물지 않게 거의 허튼소리가 될 정도인 성교육보다 훨씬 더 많은 것을 하는 것입니다. 요즘에는 일찌감치 성교육을 하지 못해 안달하지 않습니까? 세계를 미적으로 마주 대하기, 미에 대한 감각, 이것이 성애를 적정 정도로 줄입니다. 사람이 세계를 아름다운 것으로 느끼도록 배우면, 결국 자유로운 방식으로 자기 몸을 대하게 됩니다. 자기 몸에 시달리지 않게 됩니다. 성애란 인간이 자기 몸에 시달리는 것을 의미합니다.

13. 두 번째로 이 나이대에 중요한 것은 도덕적, 종교적 감각을 발달시키는 것입니다. 도덕적, 종교적 감각은 언제나 아스트랄체와 나/Ich를 튼튼하게 만듭니다. 도덕적, 종교적 감각과 자극이 제대로 발달되지 않으면, 아스트랄체와 나/Ich도 허약하게 됩니다. 아이가 축 늘어집니다. 육체적으로도 마치 마비된 듯합니다. 이런 것이 사춘기 아이들한테 유별나게 드러나지 않습니까?

도덕적, 윤리적 자극이 부족하다는 것은 변칙적인 성
생활로 드러나기도 합니다.

14.   지금 우리가 다루는 나이대에 주의를 기울일 때는
언제나 남자아이와 여자아이의 차이를 특정 방식으
로 참작해야 합니다. 도덕적, 윤리적 감각을 형성하도
록 지도할 때 여자아이는 특정한 의미에서 미적인 것
을 주시하도록 해야 합니다. 윤리성, 선善, 종교적인 것,
종교적 표상으로서 받아들인 것에서 미적 즐거움을 얻
도록, 그런 것이 아름답기 때문에 마음에 들어 하도록
특히 유의해야 합니다. 여자아이는 세계가 초감각적인
것으로 관철되어 있다는 것에서 기쁨을 느껴야 합니다.
세계가 신성으로 가득 차 있다는 것을 표현하는 그림,
선하고 윤리적인 인간은 아름답다는 것을 보여 주는
그림으로 여자아이의 상상력을 풍부하게 만들어야 합
니다.

15.   남자아이는 종교 생활이나 윤리 생활에서 작용하는
힘 쪽으로 기우는 표상을 일깨워야 합니다. 여자아이
는 종교와 윤리가 눈 속까지 들어가도록 해야 한다면,
남자아이는 종교와 아름다움이 주로 용기로 바뀌도록
해야 합니다. 아이에게서 발산하는 기운이 되어야 합

니다. 물론 이런 것을 극단적으로 몰아가선 안 됩니다. 그렇게 하면 여자아이는 모든 것을 미적 관점에서 판단하고 아름다운 것만 추구하는 까탈스러운 고양이가 됩니다. 남자아이는 본데없이 건방진 놈이 됩니다. 선과 미, 종교적인 것에 의거해서 남자아이의 내면에 기운을 일깨워야 합니다. 그런데 우리가 일깨워야 하는 온갖 종류의 기운을 통해 이기심을 꼭꼭 찔러 대면 무지렁이를 길러 내고 맙니다.

16. 사춘기 여자아이가 거짓스러운 미를 쫓으며 천박하게 되는 것을 막아야 합니다. 그 시기 남자아이가 건들건들하며 본데없이 굴지 않도록 지도해야 합니다. 이렇게 양쪽에 특정한 의미의 위험이 있습니다. 이런 경향이 양쪽에 있다는 것을 알고 있어야 초·중등부 전체에 걸쳐서 중대한 사항을 진정으로 고려하게 됩니다. 그러면 여자아이는 선한 것이 마음에 들고 종교적인 것에서 특정한 미적 인상을 받도록 지도됩니다. 반면 남자아이는 다음과 같이 가르치면서 작용해야 합니다. "얘야, 네가 이것을 하면 근육이 튼튼해질 거야. 그러면 넌 아주 튼튼하고 씩씩하게 될 거야." 남자아이는 이런 식으로 신성으로 가득 차 있다는 것을 고무해야 합니다.

17.   사춘기에 나타나는 특성은 실제로 인간 천성에 아주 섬세한 근거를 둡니다. 사춘기 소녀의 경우 아스트랄체를 통해서 나/Ich가 흡수되는 것을 관찰할 수 있습니다. 물론 이 모든 것을 좀 극단적이고 과격하게 표현하고 있기는 합니다. 하지만 이렇게 강조함으로써 여러분이 더 나은 표상을 얻을 수 있습니다. 영적-정신적인 것 속에서 일어나는 이 과정에는 육체적 홍조와 비교할 만한 것이 있습니다. 사실 사춘기의 전반적 발달은 영적-정신적 홍조입니다. 나/Ich가 아스트랄체 속에 들어가는 것은 일종의 홍조입니다. 남자아이는 다릅니다. 나/Ich가 소극적이기는 해도 흡수되지는 않습니다. 이 경우에는 정신적-영적으로 창백해지는 것입니다. 이런 것을 분명하게 알아챌 수 있습니다. 이런 것은 사춘기 아이들에게 언제나 있는 경향입니다. 우리는 육체적인 것으로 인해 기만되지 않도록 주의해야 합니다. 사춘기 소녀가 빈혈로 창백해지면, 이는 영적-정신적으로 홍조를 띠는 것에 완전히 부합하는 현상입니다. 사춘기 소년이 유별나게 건방진 놈이 되어서 건들거린다고 영적-정신적으로 창백해지는 것에 모순되는 게 아닙니다.

18.   이것은 근본적으로 인간 전체를 요구하는 방식으로

나타나는 것에 대한 인간 천성의 표현입니다. 인간 존재 전체를 관통하는 것, 인간 존재 전체를 요구하는 것, 그것은 수치심입니다. 수치심은 세상에 드러낼 수 없는 어떤 것을 지금 당장 개인적 현존에 받아들이는 수밖에 없다고 느끼는 데에서 생겨납니다. 내면에 비밀을 몰래 간직해야 한다는 것, 이것이 수치심의 본질입니다. 그리고 이것이 영적-정신적 생활에서 가장 무의식적인 단계에 이르기까지 등장합니다.

19.   교사로서 우리 마음속에 그 느낌을 담아 두고, 우리 영혼생활에서 오직 우리 자신을 위해서 그 느낌을 존중하면, 달리 말해 사춘기 소년, 소녀의 내면에 숨어 있는 수치심을 존중하며 조심스럽게 대하면, 그런 자세 자체가 이미 작용합니다. 말을 할 필요가 없습니다. "이 아이들은 내면에 피지 않은 꽃 같은 것을 간직하고 싶어 한다." 이 느낌을 가지고 의식적으로 아이들 사이를 뚫고 지나가면 됩니다. 그러면 한 인간의 말 없는 자세가 타인에게 작용합니다. 교사가 그저 이 느낌을 가지고 살기만 해도 상상을 초월하는 교육적 효과가 생겨납니다.

20.   참으로 기이하지 않습니까? 사춘기 청소년에게서

보이는 이 모든 외적 현상이 근본적으로 거의 정반대가 될 정도로 수정된 수치심이라니 말입니다. 부끄러워서 영적-정신적으로 발갛게 된 소녀가 그 수치심을 숨기기 위해서 오히려 과감한 자세로 세상이 자기 얼굴을 바라보아야 한다는 듯이 등장합니다. 이 나이대 아이들은 자기 내면에 놓인 것과 정반대인 것을 외적으로 행합니다. 이것이 바로 인간 본질의 기이한 특성입니다. 과감하고 용감한 태도, '자신을-보여 주기', 마음에 들지 않는 것은 거부하기, 반항하기. "나는 제대로 평가되고 정당하게 다뤄질 권리가 있어!" 한 번이라도 기숙사 학교에서 가르쳐 본 사람은 사춘기 소녀들이 교사와 어떤 식으로 시작하는지 잘 압니다. "그런 것은 절대 용납할 수 없어, 난 정당하게 다뤄질 권리가 있어." 그 나이가 되면 과감하게 앞장섭니다. 교사에게 그런 자세를 보입니다. 자기 생각이 있습니다. "그런 식으로는 우리를 다룰 수 없어." 그런데 이런 양상으로 나타나는 모든 것은 근본적으로 사춘기 소녀의 영혼생활 깊은 곳에 완전히 무의식 상태로 놓여 있는 수치심의 이면일 뿐입니다.

21.   남자아이의 경우 사춘기 초반에는 주로 건들거리는,

후반에는 주로 건방지게 까부는 태도를 보입니다. 이런 태도 역시 그 시기에 되어 있는 그대로의 자신을 외부에 드러내지 않으려 해서일 뿐 다른 게 아닙니다. 외부 세계와 어떻든 접촉할 기회를 엿봅니다. 바로 그래서 가능하면 서투르고 꼴사납게 움직입니다. 어쩐지 건들거립니다. 실제로 되어 있는 그대로의 인간 자신은 그렇지 않습니다. 사실은 겉으로 드러나는 것과 완전히 다릅니다. 그런 특성을 통해서 실제 자신인 것과 완전히 다른 것을 드러냅니다. 이 점을 반드시 참작해야 합니다. 이 나이대 남자아이는 완전히 외적으로 모방합니다. 첫 번째 7년 주기에 아이가 자연스럽게 모방을 하는 반면 이 나이대 남자아이는 이 사람 저 사람을 모방합니다. 다른 사람이 하는 것을 따라 하는 게 유별나게 마음에 듭니다. 다른 사람처럼 걸어가고, 다른 사람처럼 말을 합니다. 말하자면 조야하게 다른 사람이 되는 것이지요. 다른 사람처럼 고상하게 되려고 애를 쓰는데 그렇게 되지 않습니다. 이런 식으로 외부 세계와 접촉하기 위해 애를 쓰는 것, 바로 이것이 사춘기에 건들거리고 까불거리는 유별난 형태로 표현됩니다. 이는 근본적으로 외부 세계에 자기의 본질을 완전히 드러내기를 꺼리는 것입니다. 자기 내면에 숨어 있으면서 자신과는 다른 존재를 보여 주는 것이지요.

22. 이렇게 건들거리고 까불거리는 시기에 가장 나쁜 교육 방법은 유머가 전혀 없이 대하는 것입니다. 특히 남자아이를 대할 때 유머가 있어야 합니다. 예를 들어서 교사가 한편으로는 건들거리는 자세를 지적하기는 해도 다른 한편으로는 별로 심각하게 받아들이지 않는다는 것을 보여 주어야 합니다. 교사는 이 두 방향의 자세를 발달시켜서 자유자재로 구사할 수 있어야 합니다. 아이들이 건들거리고 까분다고 해서 버럭 성을 낸다면, 교사로서 자격을 완전히 잃어버리는 것입니다. 교실에서 학생들이 버릇없이 굴며 난리를 친다고 해서 "당장 조용히 하지 않으면 너희 대갈통에 잉크병을 던질 거다!" 하고 고함을 지르면, 교사로서 자격이 완전히 고사됩니다. 아이들도 그런 교사에 대한 존경심을 잃고 맙니다.

23. 사춘기 소녀는 다른 성향을 드러냅니다. 이때는 —이 경우에는 제가 특정 용어를 사용해야 합니다— 아주 섬세하고 우아한 자세로 경박한 행실을 대해야 합니다. 그림처럼 설명하자면 그런 행실에 곧바로 등을 돌

리는 것이라 할 수 있겠습니다. 그러니까 교사가 섬세하고 우아하게 그런 성향을 다루는데, 그에 관여한다는 것을 아이가 알아차리지 못하도록 하는 것이지요. 제멋대로 방자하게 굴도록 내버려 두십시오. 콧대 높게 좀 잘난 척한다면, 그렇게 하도록 내버려 두십시오. 여자아이는 그렇게 건방을 떨도록 혼자 내버려 두면 됩니다.

24. 남자아이가 건들거리고 까불거리면 여자아이에 비해 조금 더 관여해야 합니다. 단, 그런 것을 심각하게 여기지 않는다는 것을 분명하게 드러내야 합니다. 웃으면서 그렇게 합니다. 그런데 비웃음을 당했다는 느낌이 들지 않도록 살짝 웃어야 합니다.

25. 아이들은 저마다 다릅니다. 그러므로 관건은, 이 나이대 아이들을 다루는 방식에 대한 특정 감각을 습득하는 것입니다. 전면에 나타나는 현상은 인간 전체를 관통하는 수치심이 변형된 것입니다. 우리가 해야 할 일은, 아스트랄체를 수반하는 주체가 독자적으로 발달한다는 것을 고려하면서 사춘기 초반을 올바른 방식으로 준비해 주는 것입니다. 인간의 육체가 덜컹거리며 무너지지 않으려면 건강한 골격 체계를 필요로 하

는 것과 마찬가지로 사춘기에 나/Ich를 포괄하는 아스트랄체가 제대로 발달하기 위해서는 이상理想을 필요로 합니다. 이 사실을 전적으로 심각하게 받아들여야 합니다. 이상은 의지적 성격이 있는 개념입니다. 사춘기 아이들의 아스트랄체에 의지적 성격의 이상을 탄탄한 구조로 설치해 넣어야 합니다.

26. "누구나 자신의 영웅을 선택하지 않을 수 없으니, 그를 따라 올림포스산 정상에 오르기 위해…"[01] 이 문장을 올바르게 이해하면, 특히 남자아이가 이상이라는 의미에서 강한 욕구를 발달시키는 것을 쉽게 알아볼 수 있습니다. 남자아이에게 특히 중요한 것은 진정한 이상을 소개하는 것입니다. 신화적 인물이나 상상의 인물도 괜찮으니 그림처럼 어떤 인물을 형상화하거나, 그런 인물을 위한 요소를 지어내야 합니다. 예를 들어 체험 학습을 한다면, 아이 각각의 상태에 따라 개별적으로 말을 걸어야 합니다. 다음과 같이 말합니다. "네가 언젠가 이 일을 할 것이라고 한번 상상해 봐. 그러면 어떻겠니?" 미래를 가리킵니다. 그리고 목표를, 목표가 되

---

01 요한 볼프강 괴테의 희곡 『이피게니에Iphigenie auf Tauris』 2막 1장을 참조하라.

는 이상을 현재의 삶에 끌어들입니다. 이렇게 하면 아이의 아스트랄체가 튼튼하게 됩니다. 이 나이대에 이런 방식으로 아스트랄체를 강화하는 것은 대단히 중요합니다.

27. 여자아이에게도 그런 것을 적용해야 합니다. 그런데 여자아이는 좀 더 우주적인 것 쪽으로, 남자아이는 좀 더 지상적인 것 쪽으로 기운다는 것을 고려해야 합니다. 여자아이가 좀 더 우주적인 것 쪽으로 기운다는 것은 무엇을 의미합니까? 이는, 영웅이 행한 것, 영웅의 활동, 영웅을 통해 일어난 것, 즉 체험된 사실에 해당하는 것을 이야기해 줌으로써 이상에 도달하도록 도와야 한다는 것을 의미합니다. 남자아이에게는 완벽한 인간 형상을, 특별하게 위대한 인물을 이야기해 주어야 합니다. 이것이 중점입니다. 이 관계에서 우리는 남자아이와 여자아이의 차이를 알고 있어야 합니다.

28. 근본적으로 중요한 것은 이 나이대에 인생에 대한 외적인 파악으로 넘어간다는 것입니다. 신학기에 10학년을 신설하기 때문에 이는 우리한테 특히 중요한 사항입니다. 주체가 객체에서 연결점을 발견하도록 돕는 요소를 수업에 반드시 집어넣어야 합니다. 그런데 교과 과

정에 오늘날 다른 중·고등 학교에서 하는 것만 수용해서는 절대 그렇게 할 수 없습니다. 다른 학교의 교과 과정은 지성적 세계관의 영향 아래에 있기 때문에, 그것으로 발도르프학교 교과 과정을 제한해서는 안 됩니다.

29.   완전히 형식적으로 이루어진 다른 중·고등 학교 교육을 한번 보십시오. 물리 같은 과목을 조금 더 가르치기도 하는데, 아예 머리에만 집중해서 지식을 전달하는 게 보통입니다. 물론 우리 교과 과정으로 문명적 진보를 거부해서는 안 됩니다. 그래도 그런 식의 교육은 절대 기피해야 합니다. 바로 이 나이대의 교과 과정엔 실질적 요소가 있어야 합니다. 외부 세계와 연결하는 것을 파악하게 만드는 요소를 넣어야 합니다. 이런 까닭에 우리는 10학년 교과 과정을 다음과 같이 구성할 것입니다. "이 나이대에 올바른 방식으로 사회성을 기르기 위해 남자아이와 여자아이를 합반해야 한다. 활동에 있어서는 남녀를 구분해야 하지만, 분반을 해서는 안 된다." 여자아이가 하는 것을 남자아이가 함께 할 필요는 없지만 반드시 바라봐야 합니다. 마찬가지로 여자아이는 남자아이가 하는 것을 봐야 합니다. 양자가 소통을 하면서 사회적으로 되어야 합니다. 이뿐만

아니라 우리는 머리에서 사고내용을 끄집어내는 요소도 수용해야 합니다. 비록 훈련하는 식으로 배운 것이라 해도, 그저 이론적인 것이라 해도 내적 활동성이 손을 필요로 하는 것을 교과 과정에 넣어야 합니다. 그것은 반드시 실천 가능한 이론이어야 합니다. 그래서 기계 역학에 관한 것을 필수적으로 다루어야 합니다. 이로써 이 나이대의 남자아이가 적절한 어떤 것을 얻습니다. 물리 역학처럼 이론적인 것이 아니라, 나중에 기계 공학으로 이어지는 실질적인 것이라야 합니다. 기계 공학의 기본 요소를 교과 과정에 수용해야 합니다.

30.   여자아이를 위해서는 방적과 제직에 관한 정확한 표상과 기술을 습득할 수 있도록 교과 과정을 짜야 합니다. 방적과 제직을 이해하고 배워야 합니다. 어떻게 방적면사와 직물이 생산되는지 배워야 합니다. 직물이 무엇인지 알고 있어야 합니다. 직물은 기계적 방식으로 생산됩니다. 기술적 생산 방식을 소개해서 그에 대한 관계를 습득하도록 가르쳐야 합니다. 바로 이 나이대에 이런 주제가 속합니다.

31.   남자아이는 비록 기본적이라 해도 주제를 이해하는 데 필수적인 만큼 토지 측량과 부지 평면도의 기초를

배워야 합니다. 목초지나 활엽수림 같은 것을 간단한 부지 평면도로 그릴 수준은 되어야 합니다. 이 나이대에 토지 측량과 부지 평면도의 기초를 반드시 배워야 합니다.

32. 여자아이는 붕대를 어떻게 감는지 등 간호와 건강 관리에 관한 기초를 배워야 합니다. 남자아이와 여자아이 모두 각 분야의 수업에 참석해야 합니다. 그런데 방적, 제직, 건강 관리 등은 일단 여자아이가 먼저 배웁니다. 남자아이는 배울 시기가 나중에 따로 있습니다. 이와 마찬가지로 여자아이는 남자아이가 수준기水準器를 어떻게 이용하는지 지켜보아야 합니다. 남녀 간의 차이를 주시하며 특정 영역을 넘어 상황에 따라 계획을 세우는 게 발도르프학교에서는 가능합니다. 간단히 말해 인생이 이어지는 한 일상생활에서 일어나게 되어 있는 것을 이해시키기 위해 가능한 모든 것을 해야 한다는 것입니다. 그런 것을 배우지 않으면 사람이 언제나 실제로 알아보지 못하는 환경에서 살게 됩니다.

33. 미지의 환경에서 살고 있다는 것, 이것이 바로 안절부절못하는 현대인의, 현시대의 특성입니다. 저 아래 길모퉁이에 있는 노면 전차 정거장을 한번 보십시오.

거기서 전차를 기다리고 있는 사람들 중에 어떻게 그것이 움직이는지, 자연력이 어떤 식으로 작용해서 그것을 움직이는지 알고 있는 사람이 몇 명이나 될지 한번 생각해 보십시오. 네, 그런 것은 인간의 정신적, 영적, 체질적 성향에 내적으로 작용합니다! 인간으로서 살고 있는 주변 환경에 대해 적어도 기본 사항쯤은 알고 있으면서 살아가는지, 그렇지 않은지, 이 양자 사이에는 커다란 차이가 있습니다. 교통 기구나 다른 수단을 이용하면서 그에 관한 기본 사항조차 모른다면, 그 상태가 정신적-영적인 것을 위해 무엇을 의미하겠습니까? 그런 사람은 정신적-영적으로 시각 장애인이라는 것을 의미합니다. 육체적 시각 장애인이 빛의 효과를 보지 못하고 세상에 돌아다니는 것처럼, 오늘날 사람들은 주변에 있는 것을 이해할 가능성을 얻지 못하기 때문에 문화 세계에서 시각 장애인으로 돌아다닙니다. 사람들이 주변에 있는 것과 관련해 시각 장애인이라는 것, 이것이 바로 문화 인류에 나타나는 손상입니다.

34.   고려해야 할 사항이 한 가지 더 있습니다. 토지 측량이나 수준기 이용 등은 오늘날 직업으로 배운다 해도 제가 아는 바로는 적어도 19, 20세는 되어야 합니다. 그

전에는 어떻게 측량 막대나 수준기를 다루는지, 어떻게 토지를 측량하는지, 부지 평면도를 어떻게 작성하는지를 초보적 방식으로도 배울 기회가 전혀 없습니다. 그런 것을 아예 모릅니다. 그런데 이런 것을 15세 소년으로서 배우는지, 아니면 19, 20세가 되어서야 배우는지는 인생 전체에 판이하게 작용합니다. 19, 20세에 이런 것을 배우면 15세에 비해 좀 더 외적으로 기억에 새겨 넣습니다. 15세에 배운 것은 인간 정신과 하나가 됩니다. 직업적 내용이 아니라 정말로 완전하게 개인적 내용으로 소유하게 됩니다. 이는 기계 역학의 기초 사항에도 해당하고, 사춘기 여자아이가 배워야 하는 것에도 해당합니다.

35.   우리는 아이들에게 육체의 사지처럼 살게 될 영혼 내용과 감각을 가르쳐야 합니다. 유기적인 면에서도 인간은 세 살 때 양팔이 붙여지고 죽을 때까지 그 모양 그대로 머무는 식이 아닙니다. 사지는 인간과 함께 자랍니다. 이와 똑같이 인간과 함께 자라는 개념과 감각을 가르쳐야 합니다. 오늘날에는 살아 있지 않은 것, 늙어서 호호백발이 될 때까지 변함없이 그대로인 것을 가르치고자 아주 특별하게 노력합니다. 우리는 반드시 인간과

함께 살아가는 것을 가르쳐야 합니다. 그런데 이는 적절한 나이대에 적절한 주제를 가르칠 때만 가능할 뿐입니다. 여기서 이야기한 것을 15세 전후의 아이들에게 가르쳤다고 합시다. 어떤 아이가 그중 어떤 주제에 특별한 관심과 소질을 보이고, 나중에 정말로 그 분야를 직업으로 삼게 된다면, 실로 엄청난 의미가 있다고 말할 수 있습니다. 이미 알고 있는 것을 근거로 삼아 더 배워 지어 올린다는 것은 대단한 의미가 있습니다.

36. 저는 원로 그룹에 속하는 해부학자 휘르틀[02]을 늘 높이 평가합니다. 휘르틀은 기술 해부학과 국소 해부학을 강의했는데, 그의 강의에 등록한 학생은 먼저 의무적으로 그의 저서를 읽어야 했습니다. 덧붙이자면 그의 저술물은 모두 빼어난 내용이었습니다. 어쨌든 휘르틀은 청중이 읽지 않은 것은 절대 강의하지 않는다는 데에 커다란 가치를 두었습니다. 그런데 휘르틀은 아주 친절하고 상냥하게 그렇게 하도록 요구했고, 그 이점을 정말 그럴듯하게 설명했습니다. 그래서 심지어 대학교의 능구렁이도 그렇게 했습니다. 여러분 중에 몇 명은

---

02 요제프 휘르틀Joseph Hyrtl (1810~1894)_ 오스트리아 해부학자

이미 들어서 알고 있는데, 대학교수도 휘르틀의 강의록을 읽었다니, 정말 대단한 일 아닙니까?

여섯 번째 강의

1921년 6월 17일

교사의 깊은 세계관과 의향을 요구하는 사춘기 청소년 교육

교육학적 시대 사조

14, 15세 청소년 교육을 위한 조건으로서 현재 시류에 대한 관심

청소년 운동

그리스인의 다양한 나이대 사이 관계와 이해

인간상과 세계상 제시에 실패한 자연 과학

성인이 청소년에 접근할 수 없는 이유

그리스 시대의 4요소

1. 새학기가 시작되면 우리 발도르프학교에 상급반을 신설할 예정입니다. 그러면 사춘기 남녀 학생을 가르쳐야 하니 적어도 오늘 이 시간만은 인간학과 세계학을 조금 더 깊이 고찰하겠습니다. 인생의 깊은 근거를 모르고는 상급반에 올라갈수록 생겨나는 과제를 진정 양심껏 철저하게 완수할 수 없습니다.

2. 인생은 그 실재에 있어 통합적이고 단일합니다. 그래서 어떤 것을 빼내면 그 자체가 손상될 수밖에 없습니다. 이 사실을 명확하게 주지하기 바랍니다. 인생이 일단 제시하는 것은 인간으로서 우리가 성장 과정에서 배워 익숙해진 바로 그것입니다. 인간은 잠자는 상태로 이 세상에 들어섭니다. 어떻게 아이들이 서너 살 먹을 때까지 완전히 무의식적으로 세상을 대하는지 한번 눈여겨보십시오. 태어난 후 몇 년 동안 무의식적으로 살다가 차츰차츰 의식적으로 됩니다. 그렇다면, '의식적으로 된다'는 것은 무엇을 의미합니까? 이는 아이가 자

신의 내면 생활로 외부 세계에 적응한다는 것입니다. 자신에게 외부 세계를 연관시키고, 외부 세계에 자신을 연결합니다. 외부 대상을 의식적으로 배워 알아보고, 그것과 자신을 구분할 줄 알게 됩니다. 성장하면서 점점 더 많이 그 상태에 도달합니다. 아이가 지상 생활에서 주변을 바라봅니다. 이는 우주적 세계를 바라보는 것입니다. 이 우주적 세계에 법칙성이 있다는 것을 어렴풋이 짐작합니다. 마치 인간과 우주적 세계 사이에 존재하는 비밀을 완벽하게 해결하지 않았는데도 수용되는 것에 들어선 것처럼 아이가 어쨌든 전체에 익숙해집니다. 그 상태에서 성장합니다. 사람들이 의식적으로 신중하게 마련해 놓은 주변에 점점 더 많이 들어섭니다. 아이가 양육되고 교육됩니다. 점점 자라면서 어떤 방식으로든 세상사에 개입해야 한다는 불가피성이 아이 자신의 개인성에서 생겨납니다.

3.   세상사에 익숙해지도록 교육하는 첫 단계는 놀이입니다. 놀이를 통해서 아이의 활동성을 일깨웁니다. 한편으로 우리는 아이와 함께 하는 모든 것이 인간 본성의 요구 사항을 충족시키는 것이 되도록 어떤 방식으로든 노력합니다. 이는 신체적, 영적, 정신적 관계에서 수

업한다는 것을, 건강하고 보건적으로 교육한다는 것을 의미합니다. 이에 더해 두 번째를 추구합니다. 우리는 사회생활과 기술 분야의 요구 사항에 화답하고자 노력합니다. 아이들이 후일 성인으로서 세상사에 개입해서 일할 수 있도록, 인간 생활에 사회적으로 들어서서 다른 사람들과 협력할 수 있도록 수업하고 교육하도록 노력합니다. 아이들이 기술 분야에 익숙해지도록 그에 관한 기본 지식과 요령을 가르칩니다. 그렇게 하면 나중에 자신의 노동이 개인 생활뿐 아니라 사회를 위해서도 어떤 의미가 있다는 것을 알아보고, 사회생활에서 다른 사람과 협력하며 인생길을 발견하게 됩니다. 우리는 이 모든 것을 완수합니다. 그런데 올바른 방식으로 완수합니다. 한편으로 우리는 인간 본성의 요구 사항을 실제로 충족시킬 수 있어서 정신적, 영적, 육체적으로 병들거나 불구가 된 유기체로서 인간을 이 세상에 위치시키지 않습니다. 다른 한편으로 우리는 다음과 같이 말할 수 있어야 합니다. "인간은 사회에 적응해서 어떤 것이든 세계와 자신을 더 발달시키는 것을 취급할 수 있다. 이 양자를 이런 방식으로 충족시키는 것이 우리의 걱정거리가 되어야 한다."

4. 그런데 다음과 같은 말도 하게 됩니다. "이 두 방향을 염두에 두고 가르치는 것이 오늘날에는 특정 관계에서 상당히 힘든 일이다. 수업과 교육을 담당하는 사람으로서 우리가 처한 전반적 상황을 공평무사하게 주시하면, 그렇게 하는 게 상당히 힘든 데에만 그치지 않는다. 심지어 특정 의심과 의혹까지 불러일으킨다는 사실을 알아보게 된다." 현재 온갖 방식으로 다음과 같은 문제를 논의하는 것은 누구나 쉽게 인정합니다. "어떻게 청소년을 교육해야 하는가? 청소년 교육을 위해 무엇을 해야 하는가?" 오늘날 이렇게 유별난 형태로 생겨난 모든 질문이 고대 문화에서는 근본적으로 완전히 불가능했을 것입니다. 편견 없이 역사 발달을 고찰해 보면, 현대인은 도저히 이해할 수 없는 많은 것이 고대 문화를 지배했다고 말하지 않을 수 없습니다. 고대 그리스의 지배 계급과 노예 계급만 보아도, 현재 관점으로는 당연히 허용할 수 없는 그림이 나옵니다. 그런데 청소년 교육에 관한 고대 그리스인의 생각을 들여다보면, 절대 오늘날 하듯이 논의하지 않았습니다. 어떤 교육으로 아동과 청소년을 기존 사회 질서에 동화시켜야 하는지와 관련해 오늘날에는 완전히 반대되는 의견으로 논쟁

이 분분합니다. 그렇다 보니 우리를 힘들게 만드는 것은 수업과 교육만 아닙니다. 수많은 것 중에 한 가지 교육학, 한 가지 방법론을 선택하도록 강요되는 문제도 있습니다. 수업과 교육을 담당하는 사람이 필요로 하는 것을 교육학이나 방법론 같은 것을 통해서 습득할 수 있다고 믿습니다. 그런데 각 진영이 자기 의견만 쏟아 내며 서로 양해하고 합의를 볼 전망이 전혀 없는 것을 보면, 그러니까 이쪽은 육체적 교육을, 저쪽은 정신적-영적 교육을 강조하면서 서로 이해하지 못하는 것을 보면, 바로 교육의 과제에 관해 —그에 더해 방법론으로 특수화하는 과정에 관해— 교육을 하는 게 너무 힘들다는 말을 하는 데에만 그치지 않습니다. 교육과 수업을 담당하는 사람의 위치와 관련해 특정하게 무식한 상태를 절대 벗어나지 못하게 됩니다.

5. 바로 현시대에 이 사실을 철저하게 느껴야 합니다. 그리고 좀 확장된 시각으로 주제를 고찰한다면, 그 느낌이 더 첨예하게 될 것이라고 저는 믿습니다. 이 확장된 시각은 예를 들어서 중유럽에서 생겨난 것과 같은 교육 원리, 교육 사상의 올바른 결과를 깊이 연구하면 얻게 됩니다. 중유럽 교육을 받으며 성장한 사람들이 정

신적, 영적, 육체적 교육에 관해 서술한 모든 것을 한번 시험 삼아 연구해 보라고 권하겠습니다. 디테스[01]나 디스터베크[02]가 교육 제도에 관해 발달시킨 의견을 한번 읽어 보십시오. 카를 율리우스 슈뢰어[03]의 소책자 『수업 문제』에 실린 흥미로운 논설도 추천하겠습니다. 저는 이 책의 한 장인 '육체 교육'에서 체육이 수업에서 차지하는 위치에 관한 질문이 올바른 방식으로 상세히 다루어졌다고 믿습니다. 그런데 이 책이 어떤 사고방식과 의향에서 생겨났는지 유의하면서 읽기 바랍니다. 인간의 육체적 본질에 대한 내적, 실재적 이해가 있고, 육체적 존재로서 인간이 유능하게 세계에 적응해야 한다는 것을 책 어디에서나 고려하고 있습니다. 그럼에도 불구하고 인간은 영적 존재며, 언제나 영혼을 고려해야 한다는 것에 대한 의식이 이 책을 강렬하게 관통한다고 저는 말하고 싶습니다. 외적인 것만 보지 말고, ─여러

---

01 프리드리히 디테스Freidrich Dittes(1829~1896)_ 『교육학과 수업 방법론 개요GrundriB der Erziehungs- und Unterrichtslehre』(1868)

02 아돌프 디스터베크Adolf Disterweg(1790~1866)_ 『독일 교사 양성 지침Wegweiser zur Bildung für deutsche Lehrer』(1834)

03 카를 율리우스 슈뢰어Karl Julius Schröer(1825~1900)_ 『수업 문제 Unterrichtsfragen』(1873)

분은 인지학을 바닥으로 삼으니 그런 것은 이미 벗어 났습니다— 기본 의향, 즉 영혼 근저에 놓인 것을 따르면서 —영미 문화권의 교육서에 따르면 사실 훈련을 의미하는— 교육에 관한 수많은 논설 중 하나를 골라 비교하면서 읽어 보십시오. 중유럽 저술가의 교육서에는 어느 것이든 지성 교육, 미적 교육, 육체 교육 등에 관한 장이 들어 있습니다. 그런 것이 생겨나는 기본 바탕에 유의하기 바랍니다. 그러면 독일어의 교육이라는 단어를 영미 문화권의 단어와 비교한다는 것은 불가능하다는 느낌이 들 것입니다. 왜냐하면 영미 문화권의 교육서를 보면, 심지어 인간 문화에 정신이 들어 있다는 것을, 정신을, 지성적 교육을 다루는 경우에도 인간이 일종의 신체적-육체적 기계 장치라는 생각이 기본 바탕으로 깔려 있습니다. 신체-육체적 유기체 혹은 기계 장치를 제대로 보살피면 도덕과 지성 등이 모두 저절로 생겨난다는 의견입니다. 신체적-육체적인 것에 아주 심하게 집중합니다. 첫 번째 양식, 즉 중유럽 교육서는 정신적-영적으로 인간에 접근하는 것을 전제 조건으로 삼습니다. 인간에 정신적-영적으로 올바르게 접근하면, 이 정신적-영적 접근을 통해서 결국 인간 육체를 올바르게 다룰 수 있다는 생각입니다. 이에 반해 영미 문화권의 교육서는 신체-육체적 관계에서 교육할 때만 제대로 하는 것이라는 전제 조건을 깔고 있습니다. 인간 내면 어딘가 들어 있는 자그마한 골방 같은 것은 보살필 필요가 없다는 말입니다. 육체 주변부에서 교육을 하면서 언제나 다음과 같이 전제합니다. "인간 내면에 자그마한 골방이 있는데, 그런 것은 들여다볼 필요가 없다. 그 골방에 지성, 도덕성, 종교성 같은 것이 갇혀 있다. 그 안에 일종의 본능적 도덕성, 종교성, 논리가 들어 있기는 하다. 어떤 식으로든 육체적인 면을 충분히 교육하면, 그 힘이 내면에 침투한다. 그러면 골방에 변화가 좀 일어나고 결국 지성, 도덕성, 종교성 같은 것이 저절로 흘러나게 된다." 영미 문화권의 교육서를 읽을 때는 이런 것이 행간에 기본적으로 들어 있다고 생각해야 합니다.

6.   오늘날에는 반드시 이런 차이를 눈여겨보아야 합니다. 표면 아래에 있는 이런 증상을 고려할 때 보통 알려진 것 이상으로 관찰할 줄 알아야 합니다. 지난주 영국에서 최악의 상황이 일어났습니다. 대규모 파업으로 사회 전체가 뒤집어졌고, 그 영향으로 엄청나게 중

요한 논쟁이 벌어졌습니다. 이런 상황을 추적하는 것처럼 현재 우리의 전환기 문화 증상을 파악한다고 한번 상상해 보십시오. 파업에 관해 치열하게 논쟁했고, 모든 매체가 그에 대한 기사로 가득했습니다. 그런데 이 중요한 사건을 다루느라 바빴던 신문 잡지에 갑자기 완전히 다른 어조가 지난 주에 슬그머니 등장했습니다. 매체에 실린 모든 것이 완전히 다른 구석에서 울렸습니다. 갑자기 그렇게 되었습니다. 무엇이 그렇게 등장했습니까? 저는 사실 그 모든 것이 어떻게 불리는지도 잘 모르겠는데, 다양한 공놀이와 테니스 시합이 시작된 것입니다. 현 사회 상황에서 대중이 깊은 관심을 가지기 시작한 것은 다름 아니라 공놀이입니다. 심지어 극히 중대한 사회적 사건도 무시할 정도입니다. 논쟁이 갑자기 다른 성격을 띱니다. 사람들 마음이 콩밭에 가 있습니다. "될 수 있는 대로 빨리 이곳을 벗어나 시합이 벌어지는 곳에 가야 한다." 대형 경기장에 가 보면, 운동 선수들은 근육을 가능한 한 튼튼하게 만들어야 한다는 듯이 움직입니다. 사람들이 관심을 집중하는 그 중대한 상황이란, ─비록 제가 그런 운동 경기는 잘 몰라도, 문화 현상은 정확하고 상세하게 객관적으로 설명할 수 있습니다― 한 선수가 공 같은 어떤 것을 한쪽으로 차면 그쪽에 있는 다른 선수가 발로 받는 식의 시합입니다.

7. 문화 현상의 차이를 염두에 두고 관찰해 보면 실로 완전히 기이한 것을 얻습니다. 우리 시대 신문 잡지에 실리는 어떤 기사는 읽을 만한 가치가 전혀 없습니다. 매체가 전달하려는 내용은 아무 의미가 없습니다. 오늘날 끝없이 중요한 것은 왜 신문 잡지가 이러저러한 것을 전달하려는 상황에 있는가 하는 것입니다. 사람들이 생각하는 것에 관해 서로 대화를 나누는 것은 오늘날 전혀 중요하지 않습니다. 훨씬 더 중요한 것은, 사람들이 어떤 근거에서 이러저러한 활동을 하는지, 어떻게 이러저러한 것을 주장하는 상황이 되었는지, 왜 이러저러한 것이 거기에 있는지를 언제 어디에서나 주시하는 것입니다. 바로 이것이 오늘날의 관건입니다. 독일 정치가와 프랑스 정치가 사이에 어떤 차이가 있는지, 누구 말이 맞는지, 이런 모든 것은 전혀 중요하지 않습니다. 현대 문명의 진보에 관여하고자 하는 사람에게 그런 것은 절대 중요 안건이 될 수 없습니다. 유일한 중점은, 왜 이 사람은 아주 특별한 방식으로 진실성이 없는

지, 왜 저 사람의 거짓말은 완전히 다른 성격을 띠는지, 이런 것을 규명하는 것입니다. 우리가 무조건 주시해야 하는 것은 그 두 사람이 진실성이 없다는 것을 통해서 드러나는 것, 그 다양한 양상입니다.

8. 오늘날 우리는 사람들이 하는 말에 내용상 의미는 전혀 없이 오로지 힘만 작용하고 지배하는 시대에 살고 있다는 사실을 분명히 해야 합니다. 청소년 교육을 담당하는 사람은 그런 방식으로 시대에 적응해야 합니다. 그뿐만 아니라 더 깊은 방식으로 적응해야 합니다. 교사는 현시대인의 전반적 의향과 사고에 담긴 기본 성격을 가져서는 절대 안 됩니다. 오늘날 이리저리 돌아다니다가 어쩌다 인지학적으로 의식이 좀 들면, 네, 그러면 더 이상 인간이 아닙니다. 두더지가 됩니다. 아주 작은 집단에 박혀서 그 속에서만 움직입니다. 두더지처럼 극소수로 이루어진 무리 속에 박혀 있습니다. 그 범위를 넘어서려 하지 않습니다. 외부에서 일어나는 것을 보살필 생각이 전혀 없습니다. 우리가 이런 식의 두더지 인생을 근본적으로 벗어나 성장할 가능성을 발견하지 못한다면, 19세기 말과 20세기 초에 일어난 과정을 통해 주입된 편견을 그저 다른 입장에서 드러내는 수

준에 그친다면, 현재의 불행에서 벗어날 가능성을 마련해 주는 것에 좋은 결과를 내는 식으로는 관여하지 못합니다.

9.   제가 방금 설명한 것과 같은 주제를 철저하게 주지해야 할 사람은 다름 아니라 바로 청소년을 교육하고자 하는 교사입니다. 사춘기 소년 소녀가 되도록, 9학년에서 10학년으로 올라가는 청소년이 되도록 아이를 교육하고자 하는 모든 교사가 바로 그 사람입니다. 학교 전체를 조직할 때 그런 요소가 교내에 박혀 있도록 반드시 배려해야 합니다. 그렇게 하는 데에는 문제를 훨씬 더 깊이 파악하는 게 필수적입니다. 우리 학교가 중대한 전환점에 선 현재 여러분은 ─이는 상급반을 가르칠 교사뿐 아니라 교사진 전체에 해당하는데─ 그 무엇보다 다음 사항을 분명히 해야 합니다. "이 세상에 인간을 들여놓아야 하는 과제의 무게와 난관 전부를 특정한 의미에서 영혼으로 감지할 정도로 교육학과 방법론 전체를 기본적 느낌이 되도록 종합했다." 바로 이것이 관건입니다. 이것이 없다면, 발도르프학교는 그저 상투어에 머물 것입니다. 이것이 없다면, 발도르프학교에 대해 아무리 훌륭하고 아름다운 것을 말할 수 있다

해도 우리가 선 바닥에 구멍이 나 있는 것입니다. 시간이 흐르면 그 구멍이 점점 더 커져서 결국 바닥 자체가 없어질 것입니다. 주제를 내적 진실로 만들어야 합니다. 이는 교사라는 직업을 파악하기 위한 상황 속에 철저하게, 완전히 깊이 들어앉아 있을 때만 가능합니다.

10. 그 상황에 들어앉아서 우리 스스로 다음과 같이 질문해야 합니다. "현시대 인간으로서 우리는 과연 무엇인가?" 우리는 19세기 후반 3분의 1동안 인류 문명에 일어난 사건을 통해 교육받은 것으로 현시대에 위치시켜졌습니다. 사랑하는 여러분, 현재 여러분은 무엇입니까? 여러분 중에 어떤 사람은 19세기 말과 20세기 초반에 대학교에서 가르치는 대로 문헌학이나 역사를 전공했을 것입니다. 수학이나 그쪽 분야를 전공한 사람도 있습니다. 또 어떤 사람은 음악이나 체육의 다양한 방법론을 통해, 다른 사람은 또 다른 것을 통해 지금의 존재가 되었을 수 있습니다. 교사로서 자신의 직업을 특별히 선호하기 때문에 신사紳士라는 개념을 좀 더 물질적-육체적으로 파악한 사람도 있을 것입니다. 반면에 내면화한 사람도 있습니다. 그런데 이 경우는 주로 지성을 통해서 내면화한 것입니다. 우리가 받은 모든

교육이 머리부터 발끝에 이르기까지 우리의 인간됨 자체가 되었습니다. 현재 우리 시대에는 그렇게 우리에게 교육된 것이 자신을 파악할 수밖에 없다는 것, 그것이 자신을 근본적으로 책임질 수밖에 없다는 것을 분명하게 주지해야 합니다. 이는 개인적인 것을 벗어나 시대에 맞춰 도덕의식을 연구할 때만 가능합니다. 시대에 적합하게 도덕의식을 연구하지 않고는 시대가 우리에게 부여한 것을 절대 극복할 수 없습니다. 우리는 19세기 말과 20세기 초에 형성된 시대 조류의 꼭두각시로 살아서는 안 됩니다. 우리는 다른 무엇보다 시대 교육을 벗어날 수 있다는 고백을 함으로써, 보편적 도덕의식을 연구함으로써 올바르게 인식하면서 우리 자리에 우리 자신을 위치시켜야 합니다.

11.   이제 다음과 같은 질문이 떠오릅니다. "지금 우리가 된 모든 것은 실제로 물질주의적 의향으로 물들지 않았는가?" 물론 선한 의지가 다양한 방식으로 존재합니다. 하지만 그 선한 의지 역시 자연 과학적 세계관에서 생겨난 사조로 물들었습니다. 그리고 바로 그 사조에서 우리가 육체 교육에 관해 배운 것이 생겨났습니다.

12.   근본적으로 인류는 도덕의식에 대한 연구가 절대적

으로 필요하다는 사실을 뒷전에 숨겨 왔습니다. "오늘날 어른으로서 우리는 청소년 앞에 실제로 어떻게 서 있는가?" 이런 질문으로 내적인 모든 것을 완전히 뒤집어엎을 것을 기피해 왔습니다. 성적으로 성숙해진 사춘기 소년 소녀를 고찰할 때, 성적으로 성숙해서 우리에게 다가오는 청소년을 볼 때, 우리가 자신에게 내적으로 깊이 솔직하다면 결국 다음과 같이 말하지 않을 수 없습니다. "새로운 기본 요소 없이 교육과 수업을 떠맡는다면, 우리는 청소년들과 아무것도 할 수 없다." 이 외에 다른 답은 나올 수 없습니다. 우리는 그렇게 청소년들 앞에 서 있습니다. 우리 자신이 우리와 청소년들 사이에 깊은 협곡을 만들어 냈습니다.

13.   이는 오늘날 실질적으로 커다란 문제가 되었습니다. 근래에 청소년 운동이 어떤 모양을 띠게 되었는지 한번 보십시오. 그런 운동은 교육과 수업으로 인해, 온갖 실험으로 인해 지도자가 완전히 사라지고 말았다는 것을 보여 주는 실질적 증명입니다. 그게 아니라면 과연 무엇입니까? 그런 것에서 무엇이 나왔는지 한번 보십시오. 우리가 이 자리에서 거론하는 나이대의 청소년들은 어른의 지도를 벗어나고 싶다는 내적 느낌에 쫓깁

니다. 늙은이의 지도를 벗어나 특정 방식으로 스스로 책임지고 싶다는 느낌이 현재 대단히 빠른 속도로 청소년들 사이에 만연해 있습니다. 네, 이런 현상이 일단 등장했다는 것, 청소년들 마음이 이런 욕구로 불타오르는 것은 청소년들 잘못이 아닙니다. 청소년에게 책임을 물어서는 안 됩니다. 어떻게 그런 느낌이 청소년들에게 생겨났는지, 이에 대해 논의하는 것은 정신과학적 관심사로서 중대한 의미가 있지, 교육학적 관심사는 일단 아닙니다. 교육학적 관심사는, 지도자로서 통제권과 청소년들에 대한 이해가 소실된 것은 기성세대의 잘못이라는 사실에 집중할 수 있을 뿐입니다. 집안에 어른들이 청소년을 더 이상 다룰 수 없었기 때문에, 청소년들이 철새가 되었습니다.[04] 기성세대가 주지 못하는 것을 청소년 세대는 불명확한 것에서 찾았습니다. 기성세대는 생각도 말도 어쩐지 무뎌졌습니다. 자라나는 청소년들에게 줄 것이 더 이상 없었습니다. 그래서 청소년들

---

04 1896년 K. 피셔가 제창한 도보 여행 단체. 청소년들의 호응으로 생겨난 그와 유사한 단체들이 1901년에 연합해서 '반더포겔Wandervogel'이란 이름으로 전국적 조직을 구성했다. 반더포겔은 철새라는 의미로 철새처럼 산과 들을 누비며 자연을 통해 심신을 다지고 인간적 성장을 도모하겠다는 의도가 담겨 있다. 옮긴이

이 바깥을 떠돌아다니며 숲속에서 찾았습니다. 어른들의 행동과 말에서 발견할 수 없는 것을 자신과 함께 있으면서 찾았습니다. 현시대에 가장 의미심장한 현상은 청소년들이 갑자기 커다란 질문을 마주 대하고 서 있다는 것입니다. 그 질문에 대해 과거 모든 시대의 어른들은 어떤 방식으로든 대답할 수 있었습니다. 그런데 현시대의 청소년은 기성세대로부터 답을 듣지 못합니다. 왜냐하면 현재 기성세대는 청소년들이 이해할 수 없는 언어를 사용하기 때문입니다.

14. 여러분의 청소년 시절을 한번 돌아보십시오. 아마도 철새가 되어 용감하게 돌아다닌 사람도 있을 것이고, 별로 떠돌아다니지 않은 사람도 있을 것입니다. 별로 떠돌아다니지 않은 사람은, 특별한 용어를 이용할 필요 없이 단도직입적으로 말해서 공손하게 참은 것입니다. 마치 어른들 말을 잘 듣는 것처럼 행동하면서 집에 있던 것이지요. 어른들 말을 잘 듣는 척하지 않은 청소년은 집을 떠나 철새가 되어 떠돌아다녔습니다. 우리는 그런 현상을 겪었습니다. 청소년 운동 전체가 결국 어떻게 되었는지도 보았습니다. 그리 오래되지 않은 과거에 그 운동에 생긴 게 있습니다. 청소년이 자신 스스

로를 만나고자 하는 욕구입니다. 기성세대가 주지 못하는 것을 청소년들이 자신을 통해서 독자적으로 발견하고 싶어 했습니다. 집을 떠나 자연 속에서 살고자 했습니다. 늙은이들이 더 이상 줄 수 없는 것을 불명확한 것에서 발견하고자 했습니다. 그리고 여기저기에 작은 집단이 형성되었습니다. 근본적으로 기이한 개별 현상이 등장했다고 볼 수 있는데, 실은 바로 이것이 중대한 교훈을 줍니다. 기성세대가 지도력을 잃어버렸고, 구차한 소시민으로 전락하고 말았다는 것입니다. 늙은이들은 청소년 내면에, 철새 내면에 커다란 갈망이 깨어났다는 것을 믿지 않았습니다. 신세대의 행동거지에 마음이 상한 기성세대가 무슨 말을 했겠습니까? 다음과 같이 말하지 않았습니다. "우리 내면에서 스스로 관계를 획득하기 위한 가능성을 발견하도록 노력해야 한다. 도덕의식을 광범위하게 연구하는 상태에 이르러야 한다. 우리 늙은이들이 주도해서 청소년과 만날 길을 발견해야 한다." 이와는 완전히 다른 것을 말했습니다. "애들은 우리가 가르치는 것을 더 이상 배우려 하지 않으니 우리가 그들에게서 배워야겠다." 이렇게 기성세대가 신세대의 요구 사항에 적응하느라 생겨난 게 기숙사가 달린 임간 학교林間學校와 같은 종류의 교육 시설입니다. 편견 없이 고찰해 보면 그렇게 생겨난 것은 늙은이들이 신세대에 의해 지도되고 싶어 한다는 것일 뿐 다른 게 아닙니다. 기성세대가 신세대에 점점 더 항복했습니다. 어른으로서 지도력을 점점 더 내주었습니다. 그래서 사회가 유별나게 혼란한 상황에 빠진 틈에 몇몇 교육 기관에는 교사진이 아니라 학생 측에서 선출된 위원이 왈가왈부할 정도까지 되었습니다.

15. 이렇게 신세대가 기성세대의 과제를 가져간 시기를 깊이 숙고할 필요가 있습니다. 그런데 청소년 운동 자체는 어떻게 되었습니까? 친구들과 함께 있으면서 자신에 대한 관계를 찾고 자신을 발견하려는 것에서 은둔 생활을 통해 자신을 발견하는 것으로 변질되었습니다. 마지막 단계는, 각자가 홀로 된 채 타인과의 만남에 특정 공포를 느낀다는 것입니다. 이 세상에서 어떤 것을 발견할 것이라 확실하게 느꼈고, 찾았고, 믿었던 것, 그것은 산산이 분열시키는 갈망이었습니다. 이것이 다음과 같은 질문으로 변질되어 꾹 눌러 품고 있으면서 곰곰이 생각하는 주제가 되었습니다. "어째서 인간은 인간으로서 자신을 제대로 알지도, 살지도 못하는 것

인가?" 여러분이 오늘날 사방에서 일어나는 것을 깨어 있는 감각으로 주시해 보면, 바로 이 느낌이 점점 더 만연한다는 것을 알아볼 것입니다. 인간의 영혼힘이 어디에서나 산산이 분열된다는 것이 점점 더 커지는 불확실성으로 드러납니다. 사방에 특이한 공포감이 있습니다. Horror vacui, 텅 빈 공간에 대한 공포감이 있습니다. 그래서 청소년들이 미래에 성인으로서 무엇이 되어야 하는지 소름 끼치게 무서워합니다. 나중에 성인으로 살아야 하는 인생이 너무 무섭게 느껴집니다. 이런 현상을 마주 대해 할 수 있는 것은 제가 이미 말한 것 하나밖에 없습니다. 바로 도덕의식을 광범위하게 연구하는 것입니다. 그런데 이 연구는 외형상으로 머물러서는 안 되고, 반드시 다음과 같은 질문에 집중해야 합니다. "우리는 청소년들을 지도하고자 하건만, 어째서 기성세대의 힘으로는 그들을 더 이상 이해하지 못하는 상황까지 오게 되었는가?"

16.   이 지점에서 먼 과거를 되돌아볼 필요가 있습니다. 그리스 시대라고 합시다. 역사가 가르치는 대로라면, 그리스 시대에는 나이가 좀 든 사람과 좀 어린 사람이 서로 어느 정도 이해를 했다는 결과가 나옵니다. 여

러분이 제대로 파악해 보려고 애를 쓰기만 한다면, 14, 15~20세 초반까지, 즉 세 번째 7년 주기에 속하는 연령대와 28~35세까지 이어지는 다섯 번째 7년 주기에 속하는 나이대가 좀 기이한 형태로 서로 이해한다는 것을 발견할 것입니다. 30대 되는 성인이 오늘날 중·고등부 청소년을 특히 이해한다는 것, 사춘기에 들어선 아이들과 대략 30대에 들어선 성인이 서로 이해한다는 것, 이것이 바로 그리스와 초기 로마 시대의 특성입니다. 기성세대와 청소년 세대 사이의 연령 주기에 따른 이해가 있었습니다. 인류 발달에 내재하는 비밀의 배후를 캐기란 전혀 쉬운 일이 아닙니다. 그래도 고대 그리스 시대를 고찰해 보면, 사춘기에 들어선 소년 소녀가 28, 29세 정도 된 성인을 우러러본다는 것을 분명하게 감지할 수 있습니다. 청소년들이 28, 29세부터 시작해 30대가 된 성인 중에 마음에 드는 사람을 선택해서 인생의 모범으로 삼았습니다. 일반적 권위는 더 이상 따르려 하지 않았지만 바로 그 나이의 성인을 모범으로 삼아 따르기는 했습니다. 이것이 인류가 중세를 거쳐 현대까지 발달하는 과정에서 차츰차츰 사라졌습니다. 사람들이 특정한 의미에서 뒤죽박죽이 되었습니다.

"정신이 내려 준 자연 질서에 혼란이 생겨났다."라고 말할 수 있겠습니다. 그렇게 생겨난 혼란이 결국 우리 사회 내부에서 사회 문제, 교육과 수업 문제, 교육학적-방법론적 문제가 되었습니다. 이렇게 세계 상황 전체를 주시하지 않고는 진정으로 진보할 수 없습니다.

17. 제가 이제 완전히 구체적인 사실을 예로 들겠습니다. 이것이 문제가 어디에 있는지 보여 줄 것입니다. 기성세대와 청소년 세대가 서로 이해하지 못하는 현상이 생겨난 원인이 어디에 있는지 알아보려면, 제가 이야기할 사실을 보편화하면 됩니다. 오늘날 학교 교육을 통해 인생에 적응하는 과정에서 70여 가지의 화학 원소가 있다는 것을 배웁니다. 그렇게 배운 다음에 교사가 되면, 근래 들어 화학 원소에 대한 이론에 구멍이 좀 났음에도 불구하고 우리 의식 속에는 보통 예전에 배운 내용만 들어 있습니다. 그러니까 70여 가지 화학 원소가 있고, 외부 세계에 있는 모든 것은 그 원소의 합성이나 분해로 일어난다는 생각이 우리 안에 그대로 박혀 있는 것이지요. 이런 생각으로 심지어 세계관까지 형성합니다. 지난 19세기 후반 3분의 1동안 사람들이 어리석게도 이 70여 가지 화학 원소를 기반으로 세계관을 형

성했습니다. 세계에 관해 숙고한다는 게 고작해야 다음과 같이 질문하는 것이었습니다. "현재 천체인 것은 어떤 화학적, 물리적 변화를 거쳐서 생겨났는가? 어떤 특이하고 복합적인 화학적 합성을 통해서 최초의 것이 생겨났는가?" 화학 요소를 근거로 삼아 생겨난 생각으로 세계를 파악하고자 했습니다.

18.   그리스 시대 사람들은 이렇게 머리로 세계를 대하는 자세를 완전히 어리석고 비인간적인 것으로 볼 것입니다. 서로 합성하거나 분해되는 70여 가지 화학 원소에서 세계가 생겨났다는 것을 믿으라고 하면, 그리스인은 내적으로 다음과 같이 느낄 것입니다. "만일 그렇다면 인간은 분해되어 먼지가 될 수밖에 없는 존재일 것이다." 그런 생각을 전혀 이해하지 못합니다. "합성되거나 분해되는 70여 가지 원소로 이루어진 세상에서 인간이 과연 무엇을 해야 하는가? 그 모든 것이 도대체 무엇이란 말인가? 세계는 혼자 잘 놀면서 거대한 케이크를 만들고 싶어 하는데, 그렇다면 그곳에서 인간은 과연 무엇을 해야 하는가? 어떤 방에 거대한 증류기를 설치해서 온갖 원소를 집어넣어 끓인 다음에 증류기 뚜껑을 열고 소금과 산 등이 부글거리는 용액 속에 인간을

밀어 넣는 것이나 똑같다." 대략 이런 생각이 70여 가지 원소로 세계가 형성된 것이라고 말할 때 떠오를 것입니다. 그리스인은 그런 것을 믿지 않을 것입니다. 그런 세계관은 어쩐지 그들의 느낌에 거스릅니다. 그리스인은 자신의 의지와 무관하게 제가 설명한 것과 같은 식으로 느낄 수밖에 없을 것입니다.

19. 인간은 머리로만 되어 있지 않습니다. 그런 것은 보통 시골 광대극에서 볼 수 있는 것입니다. 시골에 가면 광대가 작은 판잣집 앞에 서서 다음과 같이 소리치며 구경꾼을 모읍니다. "어르신들, 어서 오십시오! 살아서 말을 하는 인간 두뇌를 여기에서 만날 수 있습니다!" 거기에 들어가면 몸이 없는 머리만 보였습니다. 하지만 인간은 머리로만 되어 있지 않습니다. 머리와 몸 전체로 되어 있습니다. 인간이 사고를 할 수 있는 것은 의지생활, 감성생활, 육체를 포괄하는 전체성에 따라 이루어져 있기 때문입니다. 그런데 세계가 원소로 이루어졌을 뿐이라는 생각을 머리로 발달시켜야 하면, 당연히 그리스인과는 다르게 느낄 수밖에 없습니다. 그런 생각은 어리석은 것이라 여겼을 그리스인과는 좀 다른 것이 손가락 끝에 이르기까지 들어 있을 수밖에 없습니

다. 세계를 우주로 여기지 않고 증류기 같은 것이라 믿을 때는 다르게 느낍니다. 세상을 다른 식으로 대하게 됩니다. 이와 마찬가지로 사회 문제 역시 그리스인에게는 다른 식으로 보였습니다. 이것을 반드시 고려해야 합니다. 다음과 같이 말해야 합니다. "우리는 세계가 70여 가지 원소로 이루어졌다고 생각만 하는 게 아니라 그런 의향으로 돌아다닌다. 그런 느낌을 가지고 아침에 얼굴과 손을 씻으면서 우리 머리가 비인간적인 세계관을 실재로서 받아들이는 게 가능하다는 것, 우리가 그렇게 생각할 수 있다는 것, 이것이 우리 감성에, 우리 느낌에 완전히 특별한 성격을 새겨 넣는다." 네, 인간은 이 세계에 별 역할을 하지 않으니 배제해도 된다는 것을 느끼고, 감지하고, 사고한다면, 그런 느낌과 감각으로는 15세 소년 소녀를 진정으로 만날 가능성을 전혀 발견하지 못합니다. 그런 느낌과 감각으로는 청소년들과 무엇을 해야 하는지 절대 알 수 없습니다. 대학교수들이 그런 세계관을 가지고 교사를 양성합니다. 오늘날 옳은 것으로 밝혀졌다고 믿는 것을 대학교에서 공부할 수 있습니다. 하지만 그런 것을 가지고는 인생을 제대로 살아갈 수 없습니다. 교육을 담당해야 할 사람들이 대학교에서 배출됩니다. 그런데 청소년과의 관계에 대해 배운 게 전혀 없습니다. 이것이 바로 우리 앞에 펼쳐진 끔찍한 심연입니다.

20.   여러분도 보다시피 오늘날 우리가 화학과 물리학으로 배우는 것에 특정 음향이 울려듭니다. 그렇게 배운 다음 몸을 제대로 돌보지 않은 채 대략 50~55세 정도가 되었다고 합시다. 우리가 상당히 경화되어서 저 바깥 세상에 대한 나직한 음향이 우리 내면 자체에 울립니다. 세계 세력은 우리의 육체적 삶이 흘러가는 동안 천천히 실로 기이한 것을 인간에게 실행합니다. 늙어가면서 우리 유기체 속에도 경화 과정이 일어난다는 것입니다. 대략 50대를 넘어서면 특정한 의미에서 내적으로 먼지처럼 해체되기 시작합니다. 인간이 분해됩니다. 증류기에 갇힌 것처럼 그렇게 잔인하게 곧바로 용해되지는 않습니다. 천천히 해체됩니다. 당장은 아니지만 어쨌든 천천히 그렇게 됩니다. 해체 과정이 좀 인간적으로 진행되는 것이지요. 그런데 인간이 죽음을 향해 가는 연령대가 되면, 현대 과학이 설명하는 것과 같은 것이 내면에서 활동하기 시작합니다. 우리는 기껏해야 노인이 이해할 수 있는 방식으로 세계를 이해합니다. 자연

은 자비로와서 늙은이가 아이처럼 유치해지게 둡니다.

21.   이런 것을 거론하면, 사람들은 세상을 우습게 보고 농담하는 것이라 생각합니다. 그런데 이는 유머나 농담이 아닙니다. 실은 아주 깊은 비극적 진실입니다. 오늘날 우리는 인간이 죽었을 때 일어나는 것만 세계 내용으로 묘사합니다. 세계에 관해 그 외에 다른 것은 전혀 말하지 않습니다. 우리가 죽고 나면 현재 사람들이 세계에 관해 설명하는 것과 아주 유사한 현상이 일어납니다. 우리가 늙어가면, 죽은 다음에 우리 육체 속에서 일어날 것에 대한 예감이 내면에 생겨납니다. 현대 과학은 인간이 죽은 후 육체 속에서 일어나는 것만 설명합니다. 오늘날 모든 교육 기관은 해체되는 과정에 있는 육체와 관계하는 지식으로 가득합니다. 하지만 그런 지식은 우리 사지에 들어가지 않습니다. 우리가 그렇게 느낍니다. 우리가 받아들인 생각을 통해서 그렇게 느낍니다. 옛부터 전승된 신학은 단지 단어로만 살아 있습니다. 왜냐하면 우리에게 인간 시체의 자연사自然史로서 가르쳐지는 것과 신학이 말하는 것이 서로 전혀 들어맞지 않기 때문입니다. 전자를 인식론적으로 주시하는 한 특별하게 나쁘다고 할 수 없습니다. 하지만 삶에

접목하고자 하면, 바로 그 순간에 악이 됩니다. 한 인간 전체를 염두에 두고 다음과 같이 질문해 보십시오. "그런 삶의 영향 아래에서 인간은 어떻게 될 것인가?" 그러면 이 질문이 커다란 의미를 띠게 됩니다. 그것이 인생 질문이 됩니다. 이 인생 질문을 피해 가서는 안 됩니다. 뒷전에 밀쳐놓아도 안 됩니다. 우리를 가르친 사람들이 지녔던 힘과는 완전히 다른 힘이 현재 우리가 교실에서 만나는 아이들 내면에 작용합니다. 우리는 아이들 내면에 실제로 무엇이 작용하는지 전혀 모릅니다. 아이들과 우리 사이에는 깊은 심연이 놓여 있습니다.

22. 오늘날처럼 70여 가지 원소에 관해 이야기하면, 그리스인은 정말로 멍청하다고 생각할 것입니다. 그렇다면 그리스인은 어떻게 보았습니까? 눈앞에 있는 대상이 70여 가지 원소로 이루어졌다고 보지 않았습니다. 불, 물, 흙, 공기, 이 4가지가 서로 뒤섞여 작용한 결과로 보았습니다. 오늘날 대학교의 콧대 높은 교수나 박사에게 이런 이야기를 하면, 이미 극복된 유치한 생각이라며 무시합니다. 그런 것은 더 이상 고려할 가치가 없다는 것이지요. 그리고 조금 생각하기 시작하는 사람은 말합니다. "오늘날에도 그 4요소가 있다. 그것은 4가지

응집 상태, 즉 고체, 액체, 기체, 온기다. 이를 유치한 것으로 보아서는 안 된다." 이것이 아직도 있습니다. 그런데 우리는 이것을 올바른 관점에서 봅니다. 우리는 그리스 시대에 있었던 것을 특정하게 긍정적인 자세로 주시해야 합니다. 옛날에는 불, 물, 공기, 흙에 대해 말하면서 온갖 정령을 숭배한 반면에 우리가 70여 가지 화학 원소를 발견할 정도로 엄청나게 진보한 것은 물론 행운입니다.

23.   하지만 문제는 그렇게 간단하지 않습니다. 문제는 훨씬 더 깊은 곳에 놓여 있습니다. 그리스인은 불, 물, 흙, 공기에 관해 말했습니다. 그런데 그 시대에는 오늘날 사람들이 생각하는 식의 표상 같은 것이 없었습니다. 그리스인이나 그리스적 세계관 속에 사는 사람에게 물어보면, ㅡ15세기에 이르기까지 그리스적 세계관 속에서 산 사람이 많이 있었습니다. 그 이후에는 책에 쓰여 전승된 내용으로 그 세계관을 배웠습니다. 오늘날에도 그런 책을 읽는 사람들이 있기는 한데 사실 전혀 이해하지 못합니다ㅡ 그리스인에게 "너는 온기가 무엇이라고 생각하느냐? 불에 관한 네 표상은 무엇이냐?" 하고 물어보면 다음과 같이 대답할 것입니다. "불은 따

뜻하고 건조한 것이라 생각한다." 공기라는 말을 들으면 어떤 표상을 하느냐고 물어보면, 따뜻하고 촉촉한 것이라는 표상이 떠오른다고 대답할 것입니다. 그리스인은 외적, 물질적 불을 표상하지 않았습니다. 그에 관한 관념을 형성했습니다. 불이라는 관념에 따뜻하고 건조하다는 하위 관념이 들어 있습니다. 감각적인 것에 조야하게 들러붙지 않은 것이지요. 특정한 내적 질이 있고, 이 질에 따라 표상을 형성했습니다. 그 시대에는 요소라 불린 것에 이르기 위해 눈으로 보는 게 아니라 생각으로 파악하는 것으로 뛰어올라야 했습니다.

24. 네, 그렇다면 그리스인이 실제로 도달한 것은 무엇입니까? 인간 활동성 혹은 효능입니다. 인간 내면의 에테르적인 부분에 부합하는 것을 이해한 것입니다. 에테르체에 접근한 것이지요. 그리스인은 에테르체에 들어 있지는 않았습니다. 하지만 에테르체가 육체를 가공하는 양식 속에는 있었습니다. 어떻게 산소와 탄소 같은 것이 서로 작용하는지, 이런 종류의 구성을 찾는데 그친다면 에테르체가 육체를 가공하는 양식에 대한 표상은 절대 얻지 못합니다. 탄소, 수소, 산소, 유황 등이 서로 작용한다는 관념을 적용하는 한 육체에 대한 에

테르체의 작용을 주시하는 것은 불가능합니다. 원소의 작용에 집중하는 한 에테르적 작용에서 완전히 벗어나 육체적 부분에 머물게 됩니다. 죽은 후 인간에게 일어나는 것에만 머문다는 의미입니다. 인간이 살아 있는 동안에는 에테르체가 육체적인 것을 가공합니다. 이때 일어나는 것을 제대로 다루려면, 따뜻하고 건조하다, 차갑고 촉촉하다, 따뜻하고 촉촉하다 등으로 사고할 줄 알아야 합니다. 이런 것은 에테르체가 육체를 장악할 때의 질적 성격입니다. 이것을 내적으로 완전히 생생하게 만들어야, 4요소에 대한 생생한 이해가 있어야, 에테르체의 활동을 올바르게 다룰 수 있습니다. 이 4요소는 외적, 물리적인 것만 보는 유치한 표상이 아니라, 에테르적 작용을 주시해서 형성한 것입니다. 그리고 이 표상은 그리스 시대 이후에도 여전히 있습니다.

25.   이런 것은 인간 전체에 영향을 미칩니다. 한번 상상을 해 보십시오. 사람이 성장하면서 배우는 것이 세계는 요오드, 유황, 셀렌, 텔루르 등 70여 가지 원소로 이루어져 있으며, 그런 것이 뒤죽박죽 섞여 있는 것일 뿐이라고. 이런 교육은 인간이 세계에서 자신을 완전히 배제하는 방식으로 감각 세계에 작용합니다. 이렇게 되

면 우리는 인간 전체에 아무 일도 할 수 없습니다.

26. 불, 물, 공기, 흙, 이 4요소로 세계가 이루어져 있다고 표상하면, 사람이 그것과 좀 관계한다는 것도 정당한 표상으로 형성할 수 있습니다. 그리스인이 표상을 한 것처럼 하면 됩니다. 불에는 온기와 건조함이, 공기에는 온기와 습기가, 물에는 냉기와 습기가, 흙에는 냉기와 건조함이 들어 있다고 생각하는 것이지요. 이런 특질을 표상하고 내적으로 생생하게 만드는 게 바로 대상을 질적으로 파악하는 표상입니다. 사람이 그런 표상으로 관통됩니다. 그런 표상은 사지에 들어가고, 인간을 사로잡습니다. 죽은 후에야 비로소 사지에 들어가는 표상을 파악하는 경우에 비해 그런 표상을 파악하는 사람은 완전히 다른 존재가 됩니다. 무덤 속 시체는 70여 가지 원소가 화학 법칙에 따라 분류될 때 일어나는 식으로 느껴도 괜찮습니다. 하지만 살아 있는 인간은 그런 표상으로 인생을 위해 할 수 있는 게 전혀 없습니다. 그와 달리 4요소에 관한 표상을 형성하면 에테르체 속의 자신을 장악하게 됩니다.

27. 바로 이것이 오늘날 교육이 인간을 위해 사실상 완전히 불필요하게 되었다는 것을 보여 줍니다. 오늘날

교육은 인간에게 전적으로 불필요한 것입니다. 기껏해야 외적 인간, 즉 인간에서 기계적, 외적인 것을 정상으로 만드는 교육만 있을 뿐입니다. 그런 것만 하도록 준비되었습니다. 인간 전체를 위한 것은 하나도 없습니다. 사지에 들어가지 않고 지성에 머무는 것만 있습니다. 감성과 의지에는 아무 효과도 보이지 않습니다. 우리가 누군가에게 조금이라도 작용하고 싶다고 합시다. 그러면 오늘날에는 온갖 설교를 통해 완전히 외적으로 일을 하는 수밖에 없습니다. 어떤 것에 관해 외적으로 말하는 수밖에 없습니다. 내면에 파고들어 작용할 만한 것은 전혀 주지 못합니다. 오늘날 어른들은 실로 끔찍하게 거짓스러운 자세로 청소년을 마주 대합니다. 착하고 훌륭한 사람이 되라고 설교합니다. 하지만 착하고 훌륭하게 만드는 것은 전혀 주지 않습니다. 상황이 그러니 청소년들이 교사의 권위에 따라 우격다짐으로 뭔가 하기는 합니다. 고학년이 될 때까지 검으로 군기를 잡도록 허락만 된다면, 교사들은 권위를 따르지 않는 녀석들을 검으로 다룰 것입니다. 학교를 졸업해서 사회에 나가면 경찰을 동원하면 됩니다. 머릿속 지식은 인간 전체에 무의미합니다. 그리고 그렇게 무의미한 지식은 특히 인간 내면에 쓸모 있는 것은 전혀 주지 않습니다. 바로 이것이 우리가 정신적-영적 부분과 신체적-육체적 부분이 상호 관계하도록 도와야 하는 시기의 인간에게 접근하지 못하는 이유입니다. 정신적-영적 부분과 육체적 부분이 상호 관계하기 시작하는 시기에 있는 청소년과 삶을 근거로 해서 무엇을 해야 하는가?

28. 내일은 바로 이 질문에서 시작해서 주제를 파고들겠습니다. 오늘은 전체적인 세계관이 어떤 역할을 하는지에 관한 느낌을 불러일으키고자 했습니다. 사춘기는 인생에서 극히 중요한 시기입니다. 그런 아이들 영혼의 입구를 발견하기 위한 순간 앞에 서 있는 우리는 반드시 세계관에 대해 깊이 생각해 봐야 합니다.

일곱 번째 강의

1921년 6월 18일

다양한 나이대 사이의 인간 관계

세밀한 사항을 고려하지 않아서 인간 사이에 생겨나는 심연

식물, 동물, 인간, 우주에서 생생하게 살아 있는 것을 파악하는 자연 인식의 예

14, 15세 청소년을 이해할 다리로서 느낌과 감정의 정신과학적 관철

1. 어제는 시대에 부합하는 도덕의식 연구라 부를 수 있는 것을 고찰했습니다. 이 연구는 특히 외형상 성적으로 성숙해진 14, 15세 청소년을 가르치는 교사에게 필수적입니다. 더구나 이 나이대를 이해하는 것은 직접 가르치고 수업을 담당하는 사람만의 문제가 아닙니다. 인간에서 이 시기는 학령기 전반에 걸쳐서 고려되어야 합니다. 현시대에 그 나이 청소년을 가르치는 교사가 일종의 고차적 도덕의식을 연구하는 게 필수적이라고 말하는 데에는 특별한 이유가 있습니다. 우리 세대는 과거에 받은 교육의 전반적 양식으로 인해 바로 이 나이대의 인간 내면에서 우리에게 다가오는 것을 전혀 이해하지 못하기 때문입니다.

2. 실제로 이 상황에 놓인 것에 대한 그림을 만들고자 한다면, 다음과 같이 해야 합니다. 일단 20대를, 더 정확히 말해 21~28세까지 인간을 고찰합니다. 정신과학은 이 나이대에 나/Ich가 태어난다고 합니다. 달리 말

해 나/Ich가 삶 속에 완전히 자리를 잡는 시기입니다. 사춘기 청소년의 발달 상황에는 남녀 간에 차이가 있다고 이미 이야기했습니다. 대략 14, 15세가 된 여자아이의 경우 이 나/Ich가 특정한 의미에서 아스트랄체 속에 용해되고, 그로 인해 아스트랄체가 특정 독자성을 얻는 반면에 나/Ich는 그렇지 못하다고 했습니다. 남자아이는 나/Ich가 아스트랄체 속에 용해되지 않고 일종의 은둔 생활을 영위한다고 했습니다. 대략 14~21세까지 남자아이와 여자아이가 각기 다르게 우리에게 다가오는 것은 전적으로 인간 존재의 내적 상태에 따른 결과라는 것도 이미 이야기했습니다. 그런데 21세가 되어 나/Ich가 완전히 자리를 잡으면, 타인을 찾고 발견합니다. 이 나이가 되어야 완벽한 의미에서 다른 인간을 조우합니다. 이것이 특별한 이유는, 24세, 혹은 그보다 좀 나이가 적다 해도 21세를 넘긴 청년이 자기보다 나이는 많지만 아직 28세를 넘기지 않은 다른 청년을 만날 때 서로 정신, 영혼, 육체 차원에서 완전히 동등하게 상호 작용한다는 데에 있습니다. 인생에서 이런 것을 관찰하는 것은 교육계에 종사하는 사람에게 특히 중대한 의미가 있습니다. 근래 들어 자주 적용되는 심리학적 방법은 텅 빈 단어만 모아 놓은 것에 불과합니다. 오늘날 인생을 진정으로 알고 싶다면, 대략 21~28세 나이의 두 사람이 서로 만날 때 그들 내면에 살게 되는 특이한 분위기 같은 것을 반드시 연구해야 합니다.

3. 이제 다른 것을 보기로 합시다. 14~21세까지 청소년이 대략 28~35의 성인을 대한다고 합시다. 남녀 구분 없이 이 두 사람은 특정 관계에서 보면 완전히 동등한 관계는 형성하지 못합니다. 그럼에도 불구하고 제가 곧 이야기할 특정 조건이 채워지면, 대단히 의미심장한 이해가 상호 간에 생겨납니다. 적어도 조금은 생겨날 수 있습니다. 14, 15세 청소년이 28, 29, 30세 성인을 마주 대할 때는 다음과 같습니다. 아직 청소년인 인간이 이상으로 삼는 모범을 통해서, 혹은 점점 더 요령 있게 됨으로써 삶에 적응하고 익숙해지는 동안, ―그렇게 양성되는 모든 것이 외부 세계와 관계를 맺는 과정에서― 흔히 몸짓이나 태도로 드러나는 것, 간단히 말해 14~21세에 아스트랄체를 형성하는 것, 이것은 좀 더 무의식에 들러붙어 있습니다. 저는 신체적인 것이 무의식에 접착된 채 외부로 발달한다고 표현하고 싶습니다. 그런데 이것이 28~35세 사이에 좀 더 내적으로 되어 영적 형태로 등장

합니다. 바로 그래서 이 연령대가 14~21세 청소년 내면에 일어나는 것을 최상으로 느끼고, 감지하고, 지각합니다. 역으로 청소년 시기는 28~35세 된 사람을 이상으로 삼아 따르는데 특히 적절한 나이대입니다. 왜냐하면 그 나이에 무의식 속에서 외부를 향해 신체적으로 형성되는 것을 28~35세까지 성인의 내적 활동성에서 보기 때문입니다.

4. 그리스 시대에만 해도 이 관계가 상당히 깊이 이루어졌습니다. 28~35세 성인과 14~21세까지 청소년 사이에 꽤 깊은 관계가 있었습니다. 그 당시에는 그런 것을 본능적으로 체험했습니다. 그리스 시대 청소년은 성인을 우러러보며 다음과 같이 말했습니다. "우리가 외적 신체에 가지고 있는 것을 어른들은 영적으로 지닌다. 우리는 외부에 둘 수밖에 없는 것이 섬세한 형상의 어른으로 다가온다." 물론 완전하게 의식적이 아니라 좀 더 본능적으로 그렇게 느꼈습니다. 그리고 28, 29세 된 그리스인은 14, 15, 16세 청소년에게서 형성되며 드러나는 것을 대단히 마음에 들어 했습니다. 그리스 시대에는 본능적 생활이 있었습니다. 오늘날처럼 인간이 서로를 추상적으로 대하지 않았고, 나이대에 따른 특정 관계

가 있었습니다. 사람이 나이를 덜 먹었거나 더 먹었다는 사실을 통해 타인에게 특별한 존재가 되는 본능적 생활, 본능적 관계, 바로 이것이 그리스 시대에는 사람들 사이에 실제로 대단히 강하게 작용했습니다.

5. 당시 그리스에서 그런 것이 실제로 어땠을지 한번 숙고해 보십시오. 그 당시에 청소년은 30세 성인을 존경하면서 성장했습니다. 그런데 대략 20세 정도 되면 또래를 찾아야 한다고 느꼈습니다. 이런 느낌이 다양성과 내면성을 부여했습니다. 사회생활에도 특정 구조를 부여했습니다. 바로 이 점이 강조되어야 합니다. 본능적 생활이 인간 내면에 없는 오늘날에는 특히 교사로서 우리가 14, 15세가 시작되는 나이대를 근본적으로 이해하지 못하는 상태에서 마주 대하기 때문입니다. 수수께끼가 풀리지 않습니다. 왜냐하면 어제 이미 강조했듯이, 우리가 배운 표상과 개념은 자연스러운 인류 발달 과정에서 사라진 본능을 다시 의식적으로 회생시킬 만큼 우리의 느낌생활과 감성생활에서 작용하지 못하기 때문입니다. 그리고 교육학과 방법론의 영역에서도 인지학적 정신과학에 들어서지 않는다면, 그로써 우리 내면에 섬세하게 정제된 감각과 느낌을 고무하

지 않는다면, 나이가 든 사람으로서 교사와 사춘기 청소년 사이에 점점 더 깊은 심연을 만들어 내게 됩니다. 그렇게 심연이 깊어지면 결국 우리가 할 수 있는 것이라고는 이러저러한 것을 하라고 명령하는 것일 뿐입니다. 우리가 더 이상 명령할 수 없는 나이가 되면 경찰이 그렇게 할 것이라 기대하면 됩니다. 명령대로 하지 않으면 경찰이 온다고 가르치면 됩니다. 한때 인류에게 본능 생활로 부여한 것을 우리 내면에서 다시 의식적으로 일깨우는 생각을 통해 교사가 자신의 인간 전체를 고무하지 않는다면, ―비록 이것이 이론적으로 들린다 해도― 학생에 대한 교사의 내적 관계는 절대 이루어지지 않습니다.

6. 바로 이런 까닭에 제가 어제 말했습니다. "오늘날 우리가 배우는 것, 자연의 개별 질료와 존재가 약 70가지 원소로 구성되었다는 것은 사람이 죽어서 무덤에 시체로 누워 있는 경우에만 해당한다. 시체에 해당하는 사항일 뿐이다." 화학과 물리학을 통해 입증되는 것은 인간적인 것과 눈곱만큼도 관계하지 않습니다. 인간과 어떤 관계가 있다면, 그것은 죽은 후 시체가 되어 72가지 혹은 74가지 원소가 반응하는 법칙에 따라 부패해서

분해되는 한에서일 뿐입니다. 이와 달리 후기 아틀란티스 제 4문화기만 해도, 특히 그리스인에게는 제가 어제 이야기한 것과 같이 다른 세계관이 있었습니다. 불, 물, 공기, 흙이라 하는 4요소를 고려했습니다. 비록 우리는 이 생각을 좀 유치하게 여기지만, 제대로 이해하기만 하면 완전히 다른 것을 얻습니다. 그리스인은 4요소를 조야한 감각 인상으로, 감각적 물질로 상상하지 않았습니다. 불은 따뜻하며 마른 것이고, 물은 차갑고 촉촉한 것이라고 질적으로 생각했습니다. 게다가 그리스인은 요소에 연결된 생생한 개념을 다른 여러 가지에 적용할 수 있었습니다. 그리스인은 온기, 공기, 물과 흙으로 여긴 것, 달리 말해 완전히 특정한 그림을 주는 요소를 일단 생생하고 철저하게 생각하면서 그에 연결된 개념을 적용할 수 있었습니다. 질료의 혼합과 분리, 합성과 분해가 인간 내면에서 에테르체의 주도로 일어나는 양식에 그 개념을 적용할 수 있었습니다. 그리스인은 에테르체가 육체를 다루는 양식을, 인간이 태어나서 죽을 때까지 에테르체가 육체에 작업하는 양식을 꿰뚫어 생각할 수 있었습니다. 오늘날 우리는 무덤 속 시체가 물리적, 화학적 법칙에 따라 만들어 내는 것만 생각할 수 있을 뿐입니다. 어떻게 에테르체가 불의 양식에 따라 온기와 건조함을, 물의 양식에 따라 냉기와 습기를, 흙의 양식에 따라 냉기와 건조함을 질적으로 발달시키면서 육체에 일하는지를 그리스인은 생각할 수 있었습니다. 이 생각은 15세기에 이르기까지 있었습니다.

7. 이 4요소로 인간을 관조하려면 당연히 내적으로 훨씬 더 생생하게 일을 해야 합니다. 그렇게 해야 에테르체가 물질적 성분으로 하는 활동을 표상할 수 있기 때문입니다. 에테르체 활동을 생생하게 표상하면, 특히 그리스인이 생생하게 표상한 다른 것을 부가할 수 있다면, 내적으로 훨씬 더 활기차게 됩니다.

8. 그리스인은 다음과 같이 생각했습니다. (흑판에 그림을 그린다.[01]) 이렇게 지구 표면이 있고, 여기에 식물이 자랍니다. 네, 오늘날 우리는 식물 세계에서 일어나는 것을 어떤 식으로 상상합니까? 당연히 학교에서 배운 대로 70여 가지 원소가 합성되고 분해된다는 이론만큼 나갈 수 있을 뿐입니다. 다른 것은 부정하거나 간과합니다. 아니면 광물적 상호 작용과 비교합니다. 식물의 광

---

01 이 그림은 보존되지 않았다. 옮긴이

합성 작용에서 외적인 실체가 변화하는 과정이 증류기 속 현상과 같은 식으로 진행된다고 상상합니다. 물론 그렇게 생각한다고 말하지는 않습니다. 하지만 그런 고찰 방식이 어디에서나 관철됩니다. 식물에서 일어나는 현상을 일종의 광물적인 것으로 고찰합니다. 물론 그리스인은 의식적으로 분명하게 표현하지는 않았지만 다음과 같이 생각했습니다. "차갑고 건조한 것, 흙인 것이 아래에서 위로 대지를 뚫고 올라오며 작용한다. 그것이 저 아래에서 작용해 올라온다. 그리고 식물이 지구 표면을 뚫고 나오는 즉시 물과 공기가 작용해서 —물론 그리스인이 생각하는 식의 작용입니다— 푸른 잎이 풍성하게 자라고 꽃들이 온갖 색으로 피어난다. 거기에 불이 모든 것을 포괄하며 작용한다." 저 바깥 들판에 따뜻함과 건조함이, 차가움과 촉촉함이, 따뜻함과 촉촉함이 서로 뒤섞여 작용합니다. 습기, 건조함, 온기, 냉기 등 질적인 것이 저 바깥에서 진동하며 소용돌이쳐 두루 뒤섞입니다. 그것이 지구 표면을 뒤덮고 있는 식물 세계에 작용합니다. 이런 것을 반드시 관조할 줄 알아야 합니다. 식물 세계를 바라보다가 인간으로 눈길을 돌려 어떻게 에테르체가 그 안에서 일을 하는지 봅니다. 거기에 식물 세계와 유사한 것이 있습니다. 전반적인 식물 생활을 관조하면 그 안에서 자신을 느낍니다. 저는 이것을 자신 내면에서 식물의 삶에, 그 객관적 삶에 들어가 익숙해지는 것이라 말하고 싶습니다. 그리스인은 다음과 같은 느낌이 있었습니다. "저 바깥에 모든 것이 자라고 꽃을 피우고 변화한다. 그것이 내 내면에도 역시 작용한다." 그리스인이 에테르체의 작용에 관해 표상한 것은 낯선 것이 아니었습니다. "내 내면에 에테르체로 있는 것은 미지의 것이 아니다. 물론 그것이 보이지는 않지만 저 바깥에 푸르게 자라는 모든 것, 내 주변에 있는 모든 것을 주시하면, 내 안에 있는 것을 거기에서 볼 수 있다." 이렇게 말했습니다.

9. 그리스인이 그 당시 상태 그대로 지금 현신해서 우리 앞에 있다고 합시다. 오늘날 화학자에게서 다음과 같은 말을 듣습니다. "그 당시 당신들이 한 말은 모두 무의미합니다. 우리는 이미 오래 전에 4요소를 벗어났어요. 세상이 불, 물, 공기, 흙으로 이루어져 있다는 것은 유치한 생각이에요. 세상은 수소, 산소, 염소, 브롬, 요오드 등 76가지 원소로 이루어져 있어요." 그러면 그리스인은 대답할 것입니다. "당신 의견에 반대하지 않아요. 그렇

게 생각할 수 있지요. 하지만 그 모든 것은 흙의 효과인 차갑고 건조한 것만 분화해서 보는 거예요. 당신은 냉기와 건조함으로 분화해서 볼 뿐 그 이상으로는 나아가지 못하고 있어요. 물, 불, 공기는 전혀 이해하지 못하는 거예요. 그러니 저 바깥 식물 세계에서 진동하는 것에 관해서는 짐작조차 하지 못합니다. 당신은 스스로 지니는 에테르적인 것에 관해 아는 바가 조금도 없어요. 당신은 식물 세계에 관해서는 아무것도 말할 수 없어요. 왜냐하면, 당신이 76가지 원소라 칭하는 것으로는 식물 속에 작용하는 것에 대한 개념을 절대 얻을 수 없기 때문이에요."

10. 인간 내면에도 그와 같은 것이 있다고 느낀다면, 저 바깥 푸른 식물 세계에서 일어나는 것이 투시 불가능한 것이 아니라면, 우리가 하는 말이 얼마나 생생하게 될지 한번 상상해 보십시오. 언젠가 다시 그렇게 생생하게 되어서 교육에 수용된다고 생각해 보십시오. 그러면 그 활기가 내적이고 영적인 느낌으로 우리 말을 관통할 것이기 때문에 단순히 추상적 형태로만 영혼에 작용하지 않을 것입니다. 사람들 얼굴에 다시금 화색이 돌 것이라 확신해도 됩니다. 생생하게 된 말이 인간

전체를 변화시키고, 본질적으로 조화롭게 작용할 것입니다. 교사의 목소리가 훨씬 더 건강하게 들릴 것입니다. 여러분이 완전히 다르게 작용하기에 다른 것에 유의할 필요가 없게 됩니다. 이런 것은 이렇게 해야 되고, 저런 것은 저렇게 되어야 한다고 말하는 인위적 교육학은 근본적으로 모두 온실 속 화초입니다. 반드시 자라야 할 것은 진정한 교육학입니다. 혈액과 신경 속에서 작용하는 것, 우리 조직을 통해 함께 성장하는 것을 우리가 자연스럽게 수용하는 것과 마찬가지로 진정한 교육학이 우리의 표상 형상을 통해, 느낌을 통해 반드시 수용되어야 합니다.

11. 근본적으로 보자면, 누군가에게 이건 이렇게 해야 하고 저건 저렇게 해야 한다고 말해도 된다는 데에서 이미 어리석음이 시작됩니다. 그런 상태는 난로에 대고 다음과 같이 말하는 것과 똑같습니다. "너는 방구석에 난로로 설치되었으니 방을 따뜻하게 만드는 게 네 임무다." 이와 똑같은 어리석음이 시작되는 것이 바로 인위적인 교육학입니다. 난방을 하려면 사람이 일단 장작을 넣고 불을 지펴야 합니다. 교육학은 인간에 대한 올바른 앎을 필요로 합니다. 이 앎이 우리 느낌뿐 아니라 의

지까지 들어가서 인간 전체를 생생하게 만듭니다. 우리는 인간에 대한 그런 앎을 형성할 필요가 있습니다.

12. 그리스인은 저 바깥 식물계에 사는 것만 관조하지 않았습니다. 우주 저 멀리도 내다봤습니다. 그들이 우주에서 가장 먼저 본 것은 달부터 토성까지 행성입니다. 그 다음에 별들 세계를 주시했습니다. 그리고 다음과 같이 느꼈습니다. "식물 세계로 둘러싸인 채 이 지상에 있는 나를 불, 공기, 물의 효과가 관통한다. 내가 그 효과로 관조하는 것이 내 안에 리듬을 불러일으킨다. 사실 나는 한 해 전체를 담고 다닌다. 저 바깥 식물 세계에서 푸르러지고 부패하는 것 속에서 건조함과 촉촉함이 균형을 이루는 것처럼, 거기에 냉기와 온기가 작용하는 것처럼, 내 에테르체도 나와 그렇게 일을 한다. 내 안에 세계 전체를 담고 있기 때문에 저 바깥에서 장기적으로 일어나는 것이 내 안에서 단기적 리듬에 따라 일어난다." 그리스인은 자신이 이 세계 속에서 살아 있는 존재라고 느꼈습니다. 자신이 이 지구에 속하는 존재라고 느꼈습니다. "식물이 있는 곳, 그곳에서 물, 공기, 불, 흙이 서로 뒤섞이면서 작용하기 시작한다. 거기에서 에테르적인 것이 효과를 드러내며 솟아오른다. 그

런데 저 우주에서 다가오는 것도 있다. 행성 작용이, 별들의 작용이 저 먼 우주에서 불, 물, 공기에 담겨 다가온다. 우주에서 오는 이 작용이 없어도 식물이나 내 안에 에테르체는 있을 것이다. 하지만 만일 토성의 힘이 작용해 들어오지 않는다면, 예를 들어서 우리의 전뇌는 형성될 수 없을 것이다. 화성의 힘이 작용해 들어오지 않는다면 후두가 형성될 수 없을 것이다. 저 먼 우주에서 힘이 작용해 들지 않는다면 심장 역시 그 형태를 얻지 못할 것이다." 그리스인은 이렇게 생각했습니다. 외부에서 힘이 발산해 들어옵니다. 에테르적인 것은 바깥으로 발산합니다. 그리고 우리 안에 식물계를 넘어서는 것을 구축하는 힘은 끝없이 광활한 우주에서 행성을 통해 수정修正되어 비쳐 듭니다. 그리스인은 다음과 같이 느꼈습니다. "저 우주에 토성, 화성, 태양, 수성 등이 없다면 내 몸에 전뇌도, 후두도, 심장도, 위장도 없을 것이다." 그리스인은 에테르체를 통해서 불, 물, 흙, 공기와 연결되어 있다고 느꼈으며, 육체 기관을 통해서 저 광활한 우주와 연결되어 있다고 느꼈습니다. 불, 물, 흙, 공기를 특정한 의미에서 가장 가까운 이웃으로 여겼습니다. 그리고 불, 물, 공기, 흙 속에 두루 뒤섞여 소용돌이쳐 심장과 폐 등 육체 기관이 생겨나도록 하는 힘을 보았습니다.

13. 그리스인은 그렇게 생각했기 때문에 신체는 지구에서만 생겨난 게 아니라 우주도 함께 작업해서 나온 것으로 보았고, 다음과 같이 말했습니다. "나는 여기 식물 옆에 있지만 내 안에는 우주의 힘이 작용한다. 이 힘은 식물에도 도달한다. 하지만 식물의 경우에는 외부에서만 작용하지 그 속까지 들어가지는 못한다. 식물에 어떤 기관이 생기도록 조직하지 못한다는 말이다. 내 안에는 그 힘이 파고든다. 내가 동물과 공통으로 지니는 모든 것에 파고든다. 그리고 저 우주에서 파고든 힘이 조직하는 중에 나는 황도까지 나아갈 수 있다. 그곳에서 천체를 잠근다. 그렇게 잠근 천체 속에서 내 주변에 있는 동물의 본질과 내 내면의 동물적인 것 모두를 관찰할 수 있다. 동물을 다양한 형태에 따라 관찰한다. 예를 들어 사자의 형상 속에서는 행성들이 항성존재인 것과 특정하게 공동으로 작용한다. 이 양자가 사자 형상 속에서 서로 뒤섞여 작용한다. 사자가 왜 그런 모양으로 만들어졌는지 그곳에서 배워 이해하게 된다. 왜 여러 동물이 이러저러한 모양으로 되었는지 배워 이

해하게 된다. 주변에 있는 동물적 본질, 즉 아스트랄체를 배워 알아보게 된다. 예전에 식물적인 것과 에테르적인 것을 내 안에서 느낀 바와 똑같이 천체 속에서 동물적인 것과 아스트랄적인 것을 느낀다. 지구의 동물계와 더불어 나는 지구의 거주자일 뿐 아니라, 저 우주 속에서 진동하며 별들이 존재하도록 하는 세계의 거주자가 된다.”

14.   네, 이것이 인간을 관철하는 어떤 것을 느낌으로 주기에 다음과 같이 말하게 됩니다. “내 주변에 광물적 법칙에 따라 모양을 갖춘 존재가 있다. 하지만 나는 그에 속하지 않는다. 동물은 말할 것도 없거니와 식물 역시 그에 속하지 않는다. 오로지 지구에서 나오는 힘만 있다면, 나는 지구상에 존재할 수 없을 것이다.” 우주 전체에 속한다고 '스스로-느끼기', 바로 이것이 그리스인 내면에 살았던 것을 본질적으로 규명합니다. 그런 느낌이 그리스인에게 본능적으로 있었습니다.

15.   그리스인은 그와 똑같은 방식으로 나/Ich 역시 황도 외부에서 작용하는 것으로 보았습니다. 천구天球 전체의 모사 형상 외에는 감각적 상관물이 전혀 없는, 완전히 정신적인 것으로서 나/Ich를 황도 외부에서, 즉 황도

만 제외한 천구 외부에서 찾았습니다. 그것은 바로 태양입니다. 여기에서 우리는 태양 표상에 이릅니다. 이 표상은 그리스 시대에 이미 좀 타락하기는 했어도 여전히 있었습니다.

16.   현대 물리학자와 천문학자는 지구에서 수백만 킬로미터 떨어진 저 바깥 우주에 가스로 된 커다란 구가 있다고 생각합니다. 그 커다란 구가 거대한 우주 가스 오븐처럼 불탑니다. 벽이 없으니 그 빛과 열기가 사방으로 발산한다는 것입니다. 바로 이것이 오늘날 사람들이 얻는 유일한 표상입니다. 이런 식으로 생각하는 사람들은 물론 초보자가 아니라 전문가입니다. 그런 표상을 얻으려면 오늘날에는 당연히 전문가여야만 합니다. 이 분야에서 진실에 좀 더 가까이 접근하려면 다음과 같은 것을 표상해야 합니다. 여러분이 빛으로 가득한 곳에 있다고 한번 상상해 보십시오. 주변에 빛만 있고, 그 빛을 반사할 대상물이 하나도 없다고 합시다. 그러면 빛이 대상물에 반사되어 여러분에게 돌아오지 않습니다. 결과적으로 빛으로 가득한 그 공간이 오히려 깜깜합니다. 그런 공간 속에서는 아무것도 보이지 않습니다. 완벽한 암흑 상태에 있습니다. 오로지 빛만 있다면,

깜깜해서 아무것도 보이지 않습니다. 빛은 어딘가에 있는 대상에 닿을 때만 되돌아옵니다. 그렇지 않다면 여러분은 어디에서도 빛을 볼 수 없습니다. 빛으로 가득한 공간은 암흑 상태입니다. 조금 나았던 옛 시대 사람들은 저 위에 떠 있는 것이 거대한 가스 오븐이 아니라는 것을 알았습니다. 저 바깥에 단순하게 텅 빈 공간이 아니라 그 보다 덜한 것, 부정적 공간이 있다는 것을 표상할 줄 알았습니다. 오늘날 물리학자가 가스로 찬 구가 있다고 생각하는 곳에 올라갈 수 있다면, 정말 깜짝 놀랄 것입니다. 왜냐하면 거기에는 가스로 찬 구가 없기 때문입니다. 거기에는 공간이 전혀 없습니다. 거기에는 공백인 공간, 공간 흡수력만 있습니다. 그 주변에는 공간에 공간이 이어집니다. 사방에 공간이 있습니다. 하지만 우리가 태양으로 보는 바로 그 지점에는 부정적 공간이, 공간보다 덜한 것이 있습니다. '공간보다 덜한 것'에 대해 어떤 것을 표상할 수 있어야 할 뿐입니다. 요즘 사람들은 돈이 한 푼도 없는 것보다 더 없는 것을 빚이라는 정도로만 표상할 수 있습니다.

17. 공간은 언제나 한계가 있습니다. 그리고 부정적-공간은 빛을 포착합니다. 빛은 부정적 공간, 즉 부정적-공

백을 통과하지 못합니다. 거기에서 반사됩니다. 비로소 태양이 가시적으로 됩니다. 우리가 태양이 있다고 생각하는 지점 주변은 어디나 빛으로 가득합니다. 실제로 태양인 것은 반사하는 존재입니다. 그러니까 사방에 퍼져 있는 빛을 반사하는 장치일 뿐입니다. 그리스 세계관에 따르자면 그 빛의 원천은 황도보다 훨씬 더 먼 곳에 있습니다. 그 빛은 우리가 생각하는 이 공간이 아니라 우주 저 멀리에서 들어옵니다. 우리가 태양이 있는 곳이라 생각하는 곳의 부정적 공백에 의해 그 빛이 포착되고, 비로소 태양이 가시화합니다. 이로써 나/Ich-작용이 행성 작용보다 더 고차적인 것과 관계합니다. 공간보다 덜한 것이라는 사실을 통해서, 빈 공간보다 더 텅 빈 것이라는 사실을 통해서, 그 부정적 공백에서 모든 물질성이 특정한 의미에서 멈추고 정신성이 뚫고 들어온다는 사실을 통해서 태양이 나/Ich와 관계합니다. 그리스인은 이 모든 것을 정신적으로 이해했기 때문에 태양과 자신이 유사하다고 느꼈습니다.

18. 주로 4세기 중반까지, 심지어 6세기가 시작될 때까지 서양인이 우주를 우러러볼 때 그렇게 '정신적인 것에 들어서기'의 생생한 느낌 중에 어떤 것이 조금은 의식

속에 비쳐 들었습니다. 그래서 지금 이 자리에서 이야기하는 것을 외적 행성이 아니라 고차 서열로 표현했습니다. 고차 서열 존재들이 저 위에 외적 행성으로 드러나는 것을 움직인다고 여긴 것이지요. 바로 이렇게 생생한 표상이 있어야 합니다. 그래야만 우리가 인간으로서 이 세계에 완전히 다른 방식으로 들어 있다고 느끼는 상태에 이르게 됩니다.

19.   이 관점으로 동물계를 조망하면 다음과 같이 말하게 됩니다. "저 요소가 인간 내면에 있다. 저것이 인간 내면에 기관을 만들어 낸다. 저 바깥에 동물들은 일정한 형태로 마무리되어 있다. 나는 저런 모양이 되지 않았다. 나는 사자처럼 생기지 않았다. 황소나 돼지처럼 보이지도 않는다. 그 모든 것이 통합되어 내 안에 들어 있다. 모든 동물의 성향이 내 안에 들어 있다. 내가 태양 작용을 통해서 그 모든 것이 조화를 이루도록 하지 못한다면, 실제로 동물계 전체를 완전히 뒤집어엎어 난장판을 만드는 놈이 될 것이다. 태양 작용을 통해서 그것이 조화를 이루고, 신체적으로 균형이 잡힌다. 온갖 동물이 될 성향, 동물계 전체가 될 성향이 내 안에 실제로 있다. 그런데 그것을 억제하면, 어떤 효과가 생겨나

는가? 그로써 내가 형태를 사고할 수 있게 된다. 내가
형상적 상상의 사고를 할 수 있게 된다. 동물은 그 형상
적 상상에 따라 외적으로 형성된 것이다. 동물은 살아
있는 형상적 상상이다. 그들은 형상적 상상으로서 세
상에 돌아다닌다. 동물계는 형상적 상상의 세계가 외
적으로 완전히 가시화되어 내 앞에 있는 것이다. 하지
만 그와 동일한 형태가 내 안에 있다. 내가 외적으로 그
모양이 되지 않았기 때문에, 공간적으로 그 모양이 되
지 않았기 때문에 사고내용의 그림으로 내 안에 들어
있다."

20. 더 먼 과거로 돌아가면, 예를 들어 탈레스Thales 이전
시대로 거슬러 올라가면, 그 당시 비전秘傳 학당과 그곳
에서 가르친 사람들에게 분명한 지식이 있었다는 것을
알아볼 수 있습니다. 다음과 같이 표현되는 앎이 플라
톤Platon의 비학적 논설을 관통합니다. "논리학, 이것은
과연 무엇인가? 생생하게 살아 있는 논리학이란 곧 동
물학이다. 왜냐하면 ─동물계에서 형태로 드러나는 것,
그리고 우리 내면에서 상호 조화를 이루는 것─ 이 중
에 한 가지가 인간 성향인 정신적, 추상적 형태에 들어
오면, 우리 내면에 활기찬 사고 놀이가 시작되기 때문

이다. 우리의 사고 놀이 속에 동물계가 떼 지어 돌아다
닌다. 논리학은 곧 동물학이다." 그런데 그 다음에 아리
스토텔레스Aristoteles의 소크라테스 학파가 생겨났습니
다. 이 학파는 생생한 논리학에 관해 아는 바가 전혀 없
었습니다. 논리학을 추상적으로 만들었습니다. 논리학
과 동물학의 생생한 관계에서 판단의 관계를, 개념 간
의 추상적 관계를 만들어 냈습니다. 아리스토텔레스의
논리학에서 그런 것이 표현됩니다. 아리스토텔레스의
논리학과 어떤 식으로든 조금이라도 관계하는 사람은
절망에 빠지고 맙니다. 왜냐하면 그것을 파악하는 것
이 불가능하기 때문입니다.

21. 저 바깥 동물계에 널려 있는 것을 실제로 내면에 지
니고 있기 때문에 인간은 느끼고, 사고하고, 개념 그림
을 형성합니다. 네, 이런 것을 발달시키면 세계와 완전
히 다른 식으로 일치하게 됩니다. 그러면 의지와 느낌
이 완전히 다른 양식으로 되살아납니다. 자연계와 자
신이 유사하다고 느낍니다. 그리고 우리 내면에 에테르
적인 것만 아니라 아스트랄적인 것도 작용하고 있다는
게 무엇을 의미하는지, 이에 대한 감각도 차츰차츰 생
겨납니다. 오늘날 만연하는 추상적 개념만 얻지 않고

확실한 형태를 통해서 내적으로 활기차게 고무되면 14, 15세 청소년을 관찰할 가능성이 생깁니다. 그러면 내적으로 받아들인 것을 통해서 눈과 귀가 청소년을 대할 때 취해야 할 자세로 이끌어집니다. 눈이 이끌어지고 인도됩니다. 귀가 이끌어지고 인도됩니다. 그러면 비로소 우리가 14, 15세 인간으로서 우리 앞에 다가서는 것을 관찰하도록 고무됩니다. 느낌을 깊이 파고드는 정신과학으로 관통되지 않은 사람은 14, 15세 인간이 앞에 있어도, ─제가 청소년 시절에 자주 들은 말인데─ '일주일 내내 풀을 뜯어 먹던 황소가 일요일을 맞이하듯' 무심하게 대할 것입니다.

23. 교육, 문명, 과학에 반드시 도입되어야 하는 게 있습니다. 그런 것은 어떤 의미가 있는 실재라는 생각, 단순한 명칭의 합, 즉 유명론에 불과하지 않다는 생각, 우리 내면에서 실재인 어떤 것을 점화해서 촉진하는 것이라는 생각, 이것이 오늘날 교육과 문명과 과학에 반드시 있어야 합니다. 이런 생각이 있어야 비로소 인간을 관찰할 수 있게 됩니다. 어떤 사람인지 알아보기 위해 교활하게 접근해서 이것저것 염탐하라는 말이 아닙니다. 앞에 언급한 생각이 우리 교육과 문명과 과학에 있다

면, 저절로 올바르게 관찰할 수 있게 됩니다. 자연스럽게 아이들을 판단할 수 있게 됩니다. 아이들에 대한 판단이 우리 내면에 융통성 있게 들어 있기 때문에 굳이 말로 드러낼 필요가 없습니다. 교실에 들어서면, 진정한 사고형태 속에 동물계 전체가 살아 있는 것처럼 우리 내면에 생생하게 살아 움직이는 수많은 판단을 의식에 떠올릴 수 있어서 그에 따라 가르치게 됩니다. 사자가 어떻게 새끼 양을 잡아먹는지 등 모든 것을 그림처럼 선명하게 알고 있어야 하는 경우를 한번 상상해 보십시오. 우리가 그런 모든 것을 의식할 수밖에 없는 상태라면 어떨지 한번 생각해 보십시오. 그러면 주변에 사는 모든 것을 우리 내면에서 판단으로 바뀌도록 고무할 수 없을 것입니다. 모든 것을 해명 가능한 의식으로 바꿀 수 없을 것입니다. 그런데 이 의식이 있을 수 있습니다. 우리가 그에 따라 일을 할 수 있습니다. 오로지 추상적 개념과 추상적 자연 법칙만 고려하기에 그 의식을 바라볼 상황이 전혀 되지 못하는 과학, 그런 지식에서 출발하지 않는다면, 우리는 청소년들과 함께 있을 수 있고, 그 의식에 따라 가르칠 것입니다. 아무 벽도 없는 저 바깥 우주 공간에 거대한 가스 오븐이 이글이

글 타고 있다고 생각하는 한, 더 나은 인간 인식에 이를 수 없습니다. 이는 자명한 사실입니다.

24. 그러므로 우리는 다음과 같이 말하며 도덕의식을 광범위하게 연구해야 합니다. "우리의 본능적인 면, 느낌, 감성생활을 정신과학으로 관통하도록 전력을 다하지 않는다면, 14, 15세가 된 청소년을 더 이상 이해할 수 없다" 도덕의식을 연구하고 양성해야 비로소 청소년을 이해하게 됩니다. 이는 인지학 자체가 교육학이라 말할 때 의미하는 바로 그것입니다. 사람이 교육을 할 수 있는 상황이 되면, 인지학이 곧 교육학이 됩니다. 교육학에 이르러야 하는 경우라면, 인지학을 통해 받아들인 것을 영혼 깊은 곳에서 건져 내기만 하면 됩니다. 저는 각자가 지니는 것에 교육학적 방향을 줄 필요만 있다고 말하겠습니다. 그와 마찬가지로 인지학적 인간 인식 역시 전적으로 교육학이 될 수 있습니다.

25. 제가 어제 10학년을 가르치게 될 교사들에게 특정 인간학을 공부하도록 조언했습니다. 네, 그런 인간학은 신체, 영혼, 정신에 따른 인간을 다시금 우주 전체에 위치시키는 길을 알려 줍니다. 그 인간학의 의미에서 올바른 교육자는 해부학과 생리학에서 정신이 부재한 작

업을 통해 수백 년에 걸쳐 생겨난 것을 정확하게 알고 있어야 합니다. 하지만 그 분야의 전문 서적에는 정보만 들어 있을 뿐입니다. 그러므로 우리가 인지학에서 얻을 수 있는 것을 그런 서적에 들이부어야 합니다. 그렇게 함으로써 보통 일반 사회에 알려진 정보에서 나오는 것을 비로소 제대로 밝힐 수 있게 됩니다. 여러분은 세상 사람들이 하는 것과는 완전히 다른 자세로 그런 서적을 읽어야 합니다. 물론 거만하고 꼴사납게 군다는 등 비난의 소리를 들을 수도 있습니다. 하지만 오늘날 그 정도는 감내해야 합니다. 오늘날 과학과 교육이 제공하는 것에는 정보를 얻기 위한 근거만 있다는 사실을 받아들여야 합니다. 예를 들어 오늘날 부활해서 화학을 들여다 보고 다음과 같이 말하는 그리스인처럼 그 모든 것을 감내해야 합니다. "이것은 내가 흙에 관해 알고 있는 내용과 같은 것이다. 흙은 차갑고 건조하며, 식물에 작용한다. 이렇게 개별적으로 분화해서 설명하니까 흥미롭기는 하다. 하지만 전체 작용에 관해서는 아무것도 모르고 있다. 전체의 사분의 일만 알고 있다." 우리는 느낌과 감성과 의지를 파고드는 앎, 인간 전체를 관통하는 앎을 다시 얻어야 합니다. 육체적

혈액과 유사한 것을 영적, 정신적 영역에서 회생시켜야 합니다. 그러면 우리가 다른 인간이 되고, 이로써 올바른 교사가 됩니다. 교직은 인간을 자동화하는 것을 절대 허용하지 않습니다. 인간의 자동화는 인위적 교육학에 관해 온실 속 화초 같은 온갖 것을 고안하기 때문에 생겨날 뿐입니다. 작금에는 자체적 개념을 얻기 위해 실험까지 합니다. 기억이 어떻게 작동하는지 알아보기 위해 실험을 합니다. 의지가 어떤 식으로 진행되는지 알아보기 위해 실험을 합니다. 심지어는 사고내용의 진행 과정도 실험합니다. 그런 게 물론 꽤 괜찮은 놀이거리가 되기는 합니다. 어떤 것이 나오기는 하겠지요. 놀이를 하는데 반대를 할 필요는 없습니다. 아이들도 놀이를 하고 실험실에서도 놀이를 합니다. 중점은, 그런 놀이로 인해 근시안이 되지 않도록 주의해야 한다는 것입니다.

여덟 번째 강의

1921년 6월 19일

1. 교육 방법론적 고찰에서 반드시 주시해야 할 것은 교육 활동이 무엇에 달려 있는가 하는 것입니다. 그것은 우리 스스로 내면에 양성하는 것, 세계 속에 우리 자신을 위치시키는 의향에 달려 있습니다. 이는 이번 강의에서 여러 방면으로 살펴보고 있는 나이대를 가르칠 때 특히 해당하는 사항입니다. 그러니까 13, 14, 15세 청소년을 대상으로 하는 수업을 좀 더 적절하게 구성하려면, 올바른 방식으로 우리 자신을 준비하는 게 최우선적 관건이라는 말입니다.

2. 그런데 실은 전반적 교육 활동 자체가 그 나이에 이르기까지 아이들을 올바른 방식으로 준비해 주는 방향으로 조직될 수 있어야 합니다. 아이들이 세계에 대한 특정 관계에 들어서서 익숙해지면서 성장하는 데에 모든 것이 달려 있습니다. 세계에 대한 관계는 우리가 지금 거론하는 나이대에 완전히 특이하게 드러납니다. 남자아이든 여자아이든 특정 방식으로 이상을 찾는 경

향이 시작됩니다. 인생을 위해 외적, 감각적 세계에 더해져야 할 어떤 것을 찾습니다. 이미 이야기했듯이 사춘기가 되면 남자아이는 어쩐지 좀 건들거립니다. 여자아이는 겉모양에 굉장히 신경을 씁니다. 이렇게 유별난 행동에는 근본적으로 초감각적, 이상적 현존을, 특정한 의미에서 고차적 목적 관념을 찾는 경향이 담겨 있습니다. "인생이 존재하는 것은 분명 추구해야 할 무엇인가가 있기 때문이다!" 이 생각이 인간 깊은 곳에 박혀 있습니다. "인생은 분명 어떤 것을 위해서 있는 것이다. 인생에는 필연적으로 목적이 있다." 여러분은 이런 생각이 청소년 내면에 있다는 것을 반드시 고려해야 합니다. 인생에 목적이 있을 수밖에 없다는 것은 사춘기 청소년이 내적으로 느끼는 기본 원칙입니다. 그리고 이 나이대를 위해 특히 중요한 사항은, 우리가 그 기본 원칙을 잘못된 궤도에 올려놓으면 안 된다는 것입니다. 사춘기에 들어선 아이들한테 전형적으로 보이는 현상이 있습니다. 남자아이는 14, 15세가 되면 인생을 위한 온갖 희망이 눈앞에 어른거립니다. 이것은 꼭 이렇게 되어야 하고 저것은 꼭 저렇게 되어야 한다는 느낌에 빠져서 삽니다. 여자아이는 인생에 대한 특정 판단에 빠져서 삽니다. 인생을 엄중히 비판합니다. 옳고 그른 게 무엇인지, 정당하고 부당한 게 무엇인지 잘 안다고 믿습니다. 세상사를 특정하게 판단합니다. 인류 자체를 통해서 관념적 저변에서 건져 올려져 일상생활을 위한 근거로 놓인 것이 있고, 인생이 그것을 제공해야 한다고 철저히 확신합니다. 이상적인 것과 관념적인 것 쪽으로 기우는 성향이 바로 이 나이대에 강렬하게 나타납니다. 청소년이 그 관념적인 것, 이상적인 것에 올바른 방식으로 들어서서 익숙해지는 것은 우리가 1학년부터 내내 교육적으로 아이들에게 작용했는지 그렇지 않은지에 달려 있습니다.

3. 그렇게 하는데 필수적인 것은 아동과 청소년 발달에 관한 올바른 관조를 제공하는 기본 원칙으로 우리 자신을 관통시킬 줄 알아야 한다는 것입니다. 우리는 정신과학을 통해서 세 가지 중대한 관점을 이론적으로 습득합니다. 대략 7세까지, 그러니까 이갈이를 하는 시기까지 아이는 주로 모방하는 존재입니다. 주변 사람들이 하는 것을 보고 따라하면서 배웁니다. 이 나이 아이들의 행동은 근본적으로 전부 모방입니다. 그 다음에 이갈이가 시작되면 외부 권위에 따라 행동하려는

욕구가 생깁니다. 무엇을 해야 할지 주변 사람이 말해 주기를 바랍니다. 그 전에는 좋든 나쁘든, 진실이든 오류든, 주변에 일어나는 것을 자연스럽게 받아들였고 그대로 따라 했습니다. 이갈이가 시작되면 단순히 따라할 필요성을 더 이상 느끼지 않습니다. 그 대신에 해야 할 것과 하지 말아야 할 것을 주변 사람에게 듣고 싶어 합니다. 그 다음 사춘기가 되면 스스로 어떤 것을 판단할 수 있다는 느낌이 생겨납니다. 그런데 자명한 권위에 기대고 싶은 욕구가 아직 있습니다. 다음과 같이 말해 줄 수 있는 권위자를 발견하고 싶어 합니다. "이 사람은 이렇고, 저 사람은 저렇다. 그래서 내가 어떤 판단을 형성해야 할 때 이 사람은 이런 식으로, 저 사람은 저런 식으로 어떤 것을 줄 수 있다." 우리의 교육 활동은 아이가 권위에 대한 자명성에 올바른 방식으로 익숙해지도록 돕는 데에 중점을 두어야 합니다.

4. 그런데 그렇게 하려면 우선 모방 욕구가 무엇을 의미하는지 알아야 합니다. 모방 욕구는 사실상 무엇을 드러냅니까? 인간은 실제로 정신세계에서 나와서 이 세상에 익숙해진다는 점을 분명히 하지 않고는 모방의 의미를 절대 이해하지 못합니다. 인간이 유전을 통해서

이 세상에 태어난다고, 조상과 부모에서 유래한다고 확신하는 시대는 모방의 본질을 절대 해명하지 못합니다. 그런 시대는 생존 가능한 개념이라고는 아주 단순한 것조차 형성하지 못합니다. 그런 시대는 화학적, 물리적 세계를 봅니다. 화학에서 열거하는 다양한 원소가 어떻게 분해되고 합성되는지 봅니다. 그런 원소가 살아 있는 것으로 바뀔 때, —살아 있는 것이기는 해도 분해하거나 합성하는 식으로 작업됩니다— 무덤에 누워 있는 시체에 자연을 통해 일어나는 정황을 발견할 뿐입니다. 과학은 자연이 무덤 속에서 썩어가는 시체에 적용하는 과정을 실행합니다. 그렇게 하면 심지어 살아 있는 것에서도 탄소, 산소, 수소 등 그런 원소만 발견할 뿐입니다. 살아 있는 것을 보통 단백질이라 명명되는 형태로 발견합니다. 그 다음에 어떻게 그 단백질 속에 탄소, 수소, 질소, 산소가 질적으로 합성되어 있는지 심각하게 연구합니다. 어떻게 단백질 속에 C, N, H, O 등과 같은 원소가 결합되어 구조를 형성하는지 언젠가는 밝힐 수 있으리라 기대합니다.

5. 이런 생각에서 출발하면, 생명의 근거가 되는 단백질이 과연 무엇인지 전혀 표상할 수 없습니다. 세포의 단

백질을 그런 식으로 설명하면, 실제로 잘못된 길을 가는 것입니다. 왜냐하면 실재에 있어서는 예를 들어 수정이나 황철석, 혹은 다른 광물에 형태를 부여하는 결합 본능이 단백질로 변형될 때 혼돈 상태에 빠지기 때문입니다. 단백질을 고찰할 때는 법칙이 어떻게 더 복합적인 양상을 띠는지 주시해서는 안 됩니다. 어떻게 그 법칙이 상호 작용 속에서 마비되는지, 어떻게 단백질 속에서 작용하기를 멈추는지, 어떻게 더 이상 단백질에 들어 있지 않은지를 주시해야 합니다. 구조 대신에 혼돈을, 해체를 찾아야 합니다. 다음과 같이 말해야 합니다. "질료는 현상으로 드러나는 상태로 넘어갈 때 그 작용에서 무질서하게 된다." 단백질에서 법칙이 불분명하게 됩니다. 거기에서는 법칙이 더 이상 상호 간에 영향을 미치지 않고, 다른 영향을 받아들일 수 있는 상태에 빠집니다.

6. 생명이 있는 것이 정상으로 반응하는 경우 그 혼돈은 유기체 내부에 일어나는 광물적 상황을 통해 조금 억제됩니다. 인간의 두뇌, 폐, 간을 이루는 세포, 그러니까 단백질 세포에는 우리가 양분으로 섭취하는 것이 영향을 미치고, 그 힘이 계속 작용합니다. 거기에서는 아

직 무질서한 상태가 아닙니다. 세포가 생식 세포로 바뀔 때는 유기체 안에서 영양분의 영향을 받지 않도록 보호됩니다. 그러니까 양분으로 섭취되는 것의 힘이 생식 세포에는 작용하지 않는 것이지요. 그래서 생식 세포는 거의 완벽하게 혼돈 상태에 있습니다. 광물적인 모든 것이 광물적인 것으로서 완벽하게 파괴되고 제거됩니다. 인간과 동물뿐 아니라 식물의 생식 세포도 지상적-광물적 작용이 아주 지난한 방식으로 파괴되어 제거되기 때문에 생겨납니다. 광물적 작용이 파괴되기 때문에 유기체가 우주적 작용을 받아들일 수 있게 됩니다. 그로써 비로소 우주적 작용이 사방에서 들어올 수 있습니다. 이 우주적 힘이 일단 다른 성性의 수정 세포를 통해 영향을 받습니다. 그러면 에테르적인 것에 아스트랄적인 것이 섞여 듭니다. 다음과 같이 말할 수 있습니다. "광물적인 것이 단백질 같은 것으로 바뀌면서 광물적 성격을 벗어 낸다. 광물적인 것에서는 언제나 지상적인 것이 상호 작용하는 반면에, 무질서한 단백질 상태를 통한 우회로에서 우주적-법칙적인 것이 작용할 가능성이 생겨난다."

7. 무생물 분자에 비해 유기체 분자에 더 복잡한 과정

이 일어난다고 생각하는 한 자연 과학은 단백질을 절대 이해하지 못합니다. 현대 화학과 물리학은 이러저러한 물체 속에 원자가 어떻게 배열되어 있는지 등 주로 구조를 발견하는 데 주력합니다. 그 다음에 배열이 점점 더 복잡해지고, 단백질에서 최고로 복잡한 구조가 된다고 생각합니다. 단백질 분자는 더 복잡해지는 경향이 없습니다. 지상적 영향이 아니라 지상 외적 영향을 받을 수 있도록 광물 구조를 해체합니다. 현대 과학으로 인해 오늘날 우리 사고가 바로 이런 주제에 있어 곧바로 오류에 빠집니다. 우리는 가장 중요한 사항과 관련해 실재와 조금도 관계가 없는 사고로 직행합니다. 단백질 형성에 관한 자연 과학적 지식으로 인해 사람들이 우주를 통한 우회로에서 어떤 것이 인간에 들어선다는 생각을 할 수 없게 되었습니다. 그래서 유전의 흐름에서 유래하지 않는 것이 인간에 들어온다는 생각으로 뛰어오르지 못합니다. 단백질 형성에 관해 오늘날의 표상을 지니는 한, 인간이 이 세상에 태어나기 전에 이미 존재했다는 사실을 절대 생각할 수 없습니다.

8. 교사로서 우리는 오늘날 과학 기관이 만들어 낸 기본 개념에서 완전히 탈피해야 합니다. 그렇게 하는 게 이

루 말할 수 없이 중요하다고 인정해야 합니다. 오늘날 과학 기관의 기본 개념으로 뿌연 안개를 만들어 낼 수는 있습니다. 하지만 그것으로 가르칠 수는 없습니다. 바로 그래서 요즘 대학교에서 가르치는 게 없습니다. 요즘 대학교에서 어떻게 일을 합니까? 조직 권력으로 유지되는 교수 협회가 있습니다. 거기에 젊은이들이 들어가 미래를 준비해야 합니다. 그런 곳에서 독자적으로 알아서 하라고 하며 각자의 발달력에 집중하도록 두면, 젊은이든 늙은이든 아무것도 하지 않을 것입니다. 그래서 강제적으로 어떤 것을 시키는 수밖에 없습니다. 어떤 것을 하도록 들들 볶아야 하는 거지요. 그렇게 일정 기간 붙잡혀 있으면서 마지못해 인생을 준비합니다. 그런 조직이 있는 가장 큰 이유는 결국 강제성이 사라지지 않도록 하는 데 있습니다. 조직의 강제성이 사라진 현재 최후의 동업 조합으로 남은 기관이 진보의 선두에 서서 행진할 것이라 믿는다면, 정말 순진한 생각입니다. 대학교 같은 기관에는 기대할 게 거의 없습니다. 왜냐하면 모든 다른 생활 분야는 중세에서 전해진 조직적 강제성을 더 이상 따르지 않기 때문입니다. 대학교는 중세 조직의 규칙을 남김없이 모두 지키고 있는 유일한 동업 조합입니다.

9. 이런 것에 대한 감각이 없기 때문에 근본적으로 중대한 특정 순간에 연극 같은 표상이 펼쳐집니다. 그런 것 중 하나가 특히 시험 제도와 관련해 전면에 등장합니다. 이런 것을 내적으로 철저히 이해한다는 것은 매우 중요합니다. 오늘날 교육에 종사하고자 한다면, 현재 교육 제도가 제공하는 것과는 완전히 다른 길에서 먼저 인간이 되어야 합니다. 기본 개념에 관해 새로운 표상을 얻을 수 있어야 합니다. 그러면 아동의 모방 본질에 관한 진실한 표상에 도달하게 됩니다.

10. 수태 이전에 인간은 영혼과 더불어 정신세계 안에서 살면서 영적-정신적인 주변 환경에 있는 것을 모두 수용합니다. 그 다음에 이 세상에 태어나 현생에 적응할 때는 정신적-영적 세계에서 했던 활동을 실제로 계속합니다. 출생 이전의 습성이 모방의 본질로 드러나는 것입니다. 다만 상황이 뒤집어졌다고 말할 수 있겠습니다. 출생 이전에는 내적으로 형성해야 할 것에, 주변 세계인 것에 집중했습니다. 출생 이후에는 그 세계를 외부에서 마주 대하고 있습니다. 처음에는 구球 속에 들어앉아 있다가 그 다음에는 바깥에서 그 구를 바라보

는 것, 이것이 아이가 세계를 마주 대하는 형상입니다. 현생에서 눈으로 보는 세계는 출생 이전에 안에서 내다보던 것의 외면을 제공합니다. 모방하는 본질은 아이의 모든 활동성 중에 한 가지 본능입니다. 정신세계에서 체험한 것의 연속입니다. 바로 그런 까닭에 대략 7세까지는 모방을 하면서 일단 감각 세계 내부에서 정신세계에 대한 관계를 형성합니다.

11. 이 상황이 무엇을 의미하는지 한번 생각해 보십시오! 아이가 출생 후 몇 년 동안은 정신세계에 들러붙어 있고, 그 세계의 원리에 따라 외부 세계에 적응하고 싶어 한다는 것을 한번 상상해 보십시오. 그 나이대에는 진실에 대한 감각을 발달시키면서 이 세상에 적응하고, 다음과 같은 기본 판단을 형성합니다. "정신세계에서 내 주변에 투명하게 빛나던 모든 것이 진실이었다. 그와 똑같이 지금 내 주변에 있는 것도 모두 진실이다." 진실 감각은 학교에 들어가기 전에 이미 형성됩니다. 아이가 입학을 하면 우리는 그 마지막 단계만 체험합니다. 그러면 반드시 올바른 방식으로 그 진실 감각을 대해야 합니다. 그렇게 하지 않으면, 아이의 진실 감각이 제대로 발달하지 못하고 오히려 무뎌지기 때문입

니다.

12.   아이들이 입학을 하면 일단 읽기와 쓰기를 배워야
합니다. 그런데 여러분이 인류에게 완전히 외적으로 생
겨난 쓰기와 읽기를 오늘날 하는 보통 방식으로 가르칠
수밖에 없다고 생각해 보십시오. 그 형태에서 보아 오
늘날의 읽기와 쓰기는 완전히 외적으로 생겨났습니다.
책을 읽을 때 보는 것, 글씨를 쓸 때 하는 것, 이런 것
은 상대적으로 별로 오래되지 않은 과거만 해도 꽤 다
른 식이었습니다. 과거에는 그림을 그렸습니다. 글씨에
서 실재를 그저 기억만 하지 않았습니다. 글씨로 실재
를 모사했습니다. 오늘날 보통 하듯이 쓰기와 읽기를
가르치면, 완전히 낯선 요소에 아이들을 집어넣는 격입
니다. 그런 요소로는 아이들이 더 이상 모방할 수 없게
됩니다. 우리는 예술적 형태로, 그림을 그리면서 쓰기
와 읽기를 가르쳐야 합니다. 아이들 천성에 맞춘 음악
적 요소 등을 통해서 아이 스스로 세계를 모사하도록
지도해야 합니다. 이로써 아이들이 입학하기 전까지 하
던 것을 계속하도록 배려하는 것입니다. '이'는 이렇게
써야 하고 '오'는 저렇게 써야 한다고 꽁생원처럼 일일
이 지시하면서 가르치면, 쓰기나 읽기 같은 것에 관심

을 가질 이유도, 그런 것에 자신을 연결할 필요성도 느끼지 못합니다. 아이들은 자신이 하는 활동과 특정 방식으로 반드시 연결되어 있어야 합니다. 입학을 한 후 모방 감각의 자리에 들어서는 것은 미적 감각, 아름다움에 대한 감각입니다. 우리는 아이들이 올바른 방식으로 모방 경향을 벗어나도록, 모방 경향이 외부 세계에 대해 좀 더 외적 관계에 적응하도록 모든 방면에서 일을 시작해야 합니다. 아이들이 아름답게 모방하도록 가르쳐야 합니다. 단순한 모방을 벗어나 아름다운 모방으로 건너가는 것이지요. 그리고 이 나이 아이들을 위한 수업은 좀 더 활동 중심의 과목과 좀 더 인식 쪽으로 기운 과목이 아직 미분화된 상태일 수밖에 없습니다.

13. 아이가 오이리트미를 하거나 노래를 부른다고 합시다. 그러면 실제로 무엇을 하는 것입니까? 아이가 자신에게서 모방을 분리하는 중에 특정한 의미에서 계속 모방하는 것입니다. 아이가 움직입니다. 노래를 부르거나 어떤 악곡을 듣는 것은 근본적으로 모방할 때 일어나는 것과 유사한 내적 움직임입니다. 아이들과 오이리트미를 한다면, 실제로 무엇을 하는 것입니까? 오이리트미를 시킨다는 것은, 펜이나 연필을 손에 쥐어 주고

'아'나 '에'처럼 순수하게 인식적 관계에 있는 것을 쓰도록 하는 대신에 언어의 내용인 것을 아이 자신의 인간 형상을 통해서 이 세상에 그려 넣도록 하는 것입니다. 우리는 추상적 부호가 될 정도로 언어를 추상화하지 않습니다. 인간 자신이 유기체를 통해 써넣을 수 있는 것을 이 세상에 써넣도록 지도합니다. 그러니까 이 세상에 태어나기 전의 인생에서 하던 활동을 특정 방식으로 계속하도록 시키는 것입니다. 쓰기와 읽기를 가르칠 때 추상적 부호가 아니라 그림을 선호하면, 아이 자신의 존재가 활동해야 하고, 그로써 우리가 아이에게서 멀어지지 않습니다. 또한 아이가 자신의 존재인 것에서도 멀어지지 않습니다. 오이리트미는 인간 전체가 힘들게 연습하면서 배우는 것입니다.

14. 오로지 육체만 움직이도록 하는 체육 시간이 있습니다. 이는 근본적으로 우리가 원하는 대로 움직이도록 동물을 훈련시키는 것처럼 —다른 수단을 이용할 뿐— 아이들을 훈련시키는 것입니다. 영혼과 정신이 전혀 없다는 듯이 아이들을 다룹니다. 이것을 한편에 세워놓고, 이제 다른 한편에는 읽기와 쓰기를 배울 때처럼 신체적인 것과 아무 관계가 없는 활동을 세워 보십시오.

오늘날에는 읽기와 쓰기를 가르칠 때 손가락, 손, 팔, 눈만 섬세하게 움직이도록 하고 나머지 유기체의 움직임은 완전히 간과해 버리는 지경에 이르렀습니다. 이 두 가지 활동이 서로 얼마나 소원한지 한번 생각해 보십시오. 이는 인간을 절반으로 절단하는 것이나 마찬가지입니다. 이와 반대로 아이가 읽고 쓰면서 배워야 할 것을 오이리트미를 통해 움직임으로 보존할 수 있다면, 인간을 전체로 유지하게 됩니다. 예술적 활동을 통해 읽기와 쓰기를 배우면, 어떤 모양이나 그림을 통해 자음과 모음을 얻어 내면, 이는 오이리트미를 할 때 좀 더 영적-정신적 분위기를 띠는 활동 혹은 노래를 들을 때 의식적으로 하는 활동과 같은 것을 하는 셈입니다. 그렇게 하면 모든 것이 하나로 통합됩니다. 아이가 통합적 존재로 머물도록 배려하는 것입니다.

15.   그런데 그런 식으로 일을 하면 다음과 같은 상황이 벌어질 수 있습니다. 부모들이 참석하는 행사에 가면 자주 경험하는 일입니다. 부모들이 저한테 하는 말이 있습니다. "우리 아들이 다른 반에 가도록 좀 조처해 주실 수 있겠습니까? 담임 교사가 남성인 반에 말입니다. 그러면 분명 담임의 말을 좀 따를 것 같은데요. 우

리 아들이 벌써 여덟 살인데 아직 읽지도 쓰지도 못해요." 물론 우리는 이런 부모를 어떻게 대해야 하는지 배워야 합니다. 이 상황에서 아이의 담임 교사가 여성이라는 것을 알아볼 수 있습니다. 그 부모는 담임 교사가 남성이라면 아이를 제대로 훈련시킬 수 있다고 믿습니다. 이런 것은 완전히 잘못된 생각입니다. 그런데 이런 판단이 사방에 스며들어 있기 때문에 특히 부모들한테 반드시 제대로 설명해 주어야 합니다. 부모들을 깜짝 놀라게 해서는 안 됩니다. 교사들끼리 하는 이야기를 부모들한테 그대로 해서는 안 됩니다. "아홉 살 먹은 아이가 읽지도 쓰지도 못한다는 것을 다행으로 여기세요. 아홉 살에 벌써 아무 문제없이 읽고 쓸 수 있다면, 낯선 것이 주입된 것이라 나중에 자동 판매기처럼 될 거예요. 네, 자동 판매기가 됩니다. 어린 시절에 읽기와 쓰기를 좀 거부한 아이가 나중에는 전인이 됩니다." 부모들한테 이렇게 말해서는 안 됩니다. 오늘날의 교육을 받은 사람을 깜짝 놀라게 해서는 안 됩니다. 신중하게 차근차근 설명해서 안심시켜야 합니다. 그렇지 않으면 우리가 아무리 노력해도 되는 일이 없을 것입니다. 조심스럽게 대처해야 합니다. 그럼에도 8, 9세 아이가 완벽하게 쓰고 읽지 못한다는 것은 아이의 성령聖靈에 거스르는 게 전혀 아니라는 것 정도는 알려줘야 합니다.

16. 우리가 아이를 통합적 존재로 유지하면서 아이를 두 토막 내지 않고 올바른 방식으로 인생에 들어서도록 지도하면, 9세를 전후해 아이 인생에 극히 중대한 지점이 있다는 것을 알아보게 됩니다. 워낙 중대한 것이라 눈에 띄지 않을 수 없습니다. 아이가 그 이전과는 완전히 다르게 세계를 마주 대합니다. 갑자기 그렇게 합니다. 마치 방금 깨어난 듯합니다. 마치 자신의 나/Ich에 대해 완전히 다른 관계를 발견하기 시작한 듯합니다. 대략 9세를 전후해서 그렇습니다. 그 나이가 되면 반드시 주의를 기울여야 합니다. 아닙니다. 사실은 처음부터 주의를 기울여야 합니다. 오늘날에는 상대적으로 더 이른 시기에 그런 변화를 보이는 경우가 왕왕 있습니다. 어떻게 아이가 내적으로 경탄하는 상태에 이르게 되는지 주의해서 살펴보아야 합니다. 아이가 모든 것에 대해 경탄하기 시작합니다. 모든 것에 대해 새로운 관계를 얻습니다. 이것은 보통 9~10세 사이에 시작합니다. 이제 다음과 같이 신중하게 질문해 봅시다. "도대체 무슨 일이 아이에게 일어나는 것인가?" 그러면 오

늘날의 언어로는 정확하게 표현할 수 없고, 대략 다음 같이만 설명할 수 있는 것을 얻게 됩니다. "그 나이가 되기까지 아이는 거울에 비친 자기 얼굴을 외부 대상물과 다르게 보기는 했어도 특별한 감정을 가지고 보지는 않았다." 원숭이가 거울을 들여다본다고 한번 상상해 보십시오. 여러분이 본 적이 있는지 모르겠지만 원숭이에게 거울을 주면 재빠르게 한적한 어떤 구석에 가서 유심히 자기 얼굴을 들여다봅니다. 너무 열심히 들여다보기 때문에 거울을 뺏을 수 없습니다. 거울을 뺏으려 하면 난리가 납니다. 거울에 비친 얼굴을 믿을 수 없다는 듯이 완전히 넋을 잃고 들여다봅니다. 하지만 원숭이가 그렇게 거울을 본 다음에 좀 다른 놈이 되었다는 말을 들은 적이 있습니까? 거울을 들여다보고 난 다음에 허영심이 생긴 원숭이를 본 적은 없을 테지요. 원숭이가 거울을 보면, 지각 능력에 인상이 남습니다. 거울을 보는 순간에 지각이 강화됩니다. 하지만 그것이 변화해서 다른 형태가 되지는 않습니다. 거울이 없으면, 자기가 본 것을 금세 잊어버리지 허영심이 생기지는 않습니다. 아이들은 다릅니다. 우리가 지금 다루는 나이가 되면, 그때부터 '자신을-바라보기'를 통해서 예전의 느낌을 허영심으로, 교태로 변형시키도록 부추겨집니다. 원숭이는 그것이 느낌의 성격으로, 의지의 성격으로 건너가지 않습니다. 아이들 경우에는 그 상황을 다음과 같이 말할 수 있습니다. "아홉 살 반 정도부터 거울을 보면, '거울에-비친-자신을-바라보기'가 아이를 위해 지속하는 인상을 불러일으키는 것, 아이의 성격에 특정 방식으로 영향을 미치는 것이 된다." 실험을 해 보면 이런 현상을 볼 수 있을 것입니다. 내적인 모든 것을 소실해서 다른 방도가 전혀 없어 교육학조차 실험 과학으로 만들고 싶어 하는 현시대에 9~10세 사이의 중대한 과도기를 실험해 보려는 경향이 왜 없는지 모르겠습니다. 아이들을 모아서 거울을 주고 들여다보라고 시킵니다. 아이가 특별한 발달 상태로 보여 주는 것을 일일이 기록합니다. 그 자료를 모아서 책을 내고, 실험 교육학의 한 장을 쌓을 수 있습니다. 그런데 이런 식의 실험은 영적-정신적인 것을 위해서는 다음과 같이 말하는 것일 뿐입니다. "우리 방법으로는 인간 본질의 비밀에 도달하지 못한다. 결국 우리는 죽음의 순간에 생명의 배후에 도달하기 위해 해마다 사람을 한 명 죽여야 한다." 물론 이런 생각은 육체적-감각적 차원에서 아직 허락되지 않습니다. 하지만 영적-정신적 차원에서는 이미 그렇게 되었습니다. 실험을 하면서 그와 동시에 피실험자가 특정 방식으로 삶에 마비되도록 만듭니다. 사실은 피해야 할 실험을 요즘에는 당당하게 합니다.

17. 실험 교육학 서적을 읽어 보십시오. 완전히 다른 입장에 있어야 할 것이 실려 있습니다. 예를 들어서 기억이나 감각 능력에 관한 부분을 보면, 성장하는 아이가 반드시 피해야 할 것이 기록되어 있습니다. 실험 교육학은 반드시 폐지해야 할 것을 실험 내용으로 만듭니다. 하지 말아야 할 온갖 것을 실험합니다. 현대 문명이 파괴적인 이유는 어디에서나 배후를 파고들려 하면서 생명체가 아니라 시체가 하듯이 한다는 데에 있습니다. 삶에서 일이 어떤 식으로 진행되는지 관찰하지 않고, 시체가 어떻게 하는지 그 배후에 도달하고 싶어 합니다. 예를 들어서 왜 9세 정도 된 아이가 세상에서 일어나는 모든 것을 아주 섬세하고 나직한 놀라움으로, 일종의 경탄으로 대하는지, 이런 것은 보려 하지 않습니다. 아이가 그렇게 하는 것은 세상에 있는 자신을 보기 시작하기 때문입니다. 이 인생 단계에서 비로소 인

간이 나/Ich-의식에 이릅니다. 어디에서나 비쳐 드는 그 의식을 보면, 식물계와 동물계 어디에서나 그것을 느끼고 감지하기 시작하면, 자신을 근거로 해서 무엇인가 알게 됩니다. 바로 이것이 9~10세 사이 아이 내면에서 깨어나기 시작합니다. 그런데 아이에게 그림 같은 활동을 하도록 지도하지 않는다면, 의미로 가득 한 활동을 시키지 않는다면, 그것이 깨어나지 않습니다. 문제는, 오늘날 아이들에게 그런 활동을 시키지 않는다는 것입니다. 오늘날에는 의미로 가득한 활동을 시키지 않습니다. 목초지에 불쌍한 양 떼처럼 아이들이 명령에 따라 체육관에 몰아넣어집니다. 어떻게 팔을 움직여야 하는지, 여러 가지 체조 기구를 어떻게 다루어야 하는지를 지시 받고, 그에 따라 움직입니다. 그런 수업에는 특별히 정신적인 것이 없습니다. 혹시 여러분 중에 누가 그런 수업에서 특별히 정신적인 어떤 것을 보았는지 궁금합니다. 물론 그런 수업이 대단히 훌륭한 것으로 떠받들어집니다. 아무리 그래도 그것은 정신으로 관통된 게 아닙니다.

18.   그런 수업을 통해 무엇이 일어납니까? 그 나이에는 교육을 통해 내면의 미적 감각을 최상으로 육성할 수

있습니다. 그런데 그런 식으로 수업을 하면, 아이들이 미적 감각을 얻지 못합니다. 아이들은 진심으로 경탄하고 싶어 합니다. 하지만 그런 수업이 경탄하는 힘을 절멸합니다. 오늘날 흔한 수업 계획을 한번 보십시오. 그 계획에 담긴 경향을 한번 생각해 보십시오. 6, 7세가 된 아이가 학교에 밀어 넣어지면 9, 10세 경에 있어야 할 체험을 느끼지 못하도록, 그에 대한 감각을 무뎌지게 하는 게 계획의 의도인 것처럼 보입니다. 9, 10세 아이가 놀라움이나 경탄 같은 것을 전혀 체험하지 않습니다. 그런데 그것을 체험하지 않으면 어떻게 됩니까? 그것이 육체에 들어갑니다. 그것이 의식이 아니라 육체에 들어앉습니다. 의식에 들어앉아 있어야 할 것이 육체에 들어앉아 있기 때문에 생기는 결과란, 저 아래에서 부글부글 끓는 것입니다. 그것이 저 아래 육체 속에서 느낌과 충동으로 변형됩니다. 그런데 느낌과 충동이 저 아래에서 부글부글 끓고 있다는 것을 인간 자신은 전혀 모릅니다. 그 상태로 돌아다니면서 인생 자체에서는 아무것도 발견하지 못합니다. 사람들이 인생에서 아무것도 발견하지 못한다는 게 현시대의 특성입니다. 어린 시절에 인생을 아름답게 느끼도록 배우지 못했기 때문에 그럴 수밖에 없습니다. 사람들은 어디서든 가장 건조한 의미에서 인식을 향상시키는 것만 발견하고 싶어 합니다. 하지만 비밀스럽게 숨겨진 아름다움은 아무 데서도 발견하지 못합니다. 삶에 대한 관계 자체가 절멸됩니다. 자연에 대한 관계가 죽어버렸다는 것, 이게 바로 오늘날 문화의 발걸음입니다. 이 사실을 꿰뚫어 보면, 이에 관해 어떤 것을 알아채면, 비로소 무엇을 해야 하는지 알아봅니다. 현재 우리가 해야 할 중대 사항은 9세 무렵 아이들이 경탄하고 놀라워할 수 있는 것을 기대한다는 사실을 알아보고, 그에 대한 올바른 언어를 발견하는 것입니다. 그렇게 하지 않는다면, 엄청나게 많은 것이 파괴될 것입니다. 아이들을 관찰할 줄 알아야 합니다. 느낌으로 아이들 내면에 들어가 익숙해져야 합니다. 우리는 아이 속에 들어앉을 수 있어야 합니다. 외적으로 실험을 하는 게 아니라 아이 내면에 들어가야 합니다.

19.   실제로는 다음과 같이 표현해야 합니다. "인간은 발달 과정에서 '너는 나/Ich다'는 말을 기반으로 삼아 저변을 벗어나 솟아오르는 순간부터 특정 인생 행로를 거치게 된다." 아이가 자신을 '나/Ich'로 칭하는 것은 상

대적으로 꽤 어린 나이에 이미 시작됩니다. 그런데 꿈 같은 상태에서 그렇게 합니다. 마치 꿈속에 있는 것처럼 계속 그렇게 말하면서 살아갑니다. 6, 7세가 되면 입학을 해서 우리에게 맡겨집니다. 그러면 우리는 아이가 지금까지와 반대 방향으로 가도록 배려해야 합니다. 아이 스스로 다른 방향으로 가고자 합니다. 우리는 예술적 활동을 통해 다른 방향으로 가도록 지도합니다. 일정 기간 동안 그런 활동을 하면, 아이 스스로 가던 길을 되돌아옵니다. 아이가 자신을 '나/Ich'라고 부르도록 배운 시점에 갔다가 되돌아와서 계속 나갑니다. 나중에 사춘기에 들어서면 아이가 다시 한 번 그 시점을 거치게 됩니다. 우리 과제는 바로 그 순간을 준비해 주는 것입니다. 그리고 9~10세 사이 아이들이 세계를 바라보며 놀라워하고 경탄하도록 가르치는 게 바로 그 준비입니다. 아이들이 더 의식적으로 미적 감각을 배우면, 사춘기에 들어서서 올바른 방식으로 세계를 사랑하게 됩니다. 미적 감각을 일깨우는 게 바로 올바른 방식으로 사랑을 발달시키기 위한 준비 과정입니다.

20. 이성 간의 사랑만 사랑이 아닙니다. 그것은 사랑 중에서도 특수한 경우에 해당합니다. 행위를 위한 가장

내적인 원동력을 모든 것에 적용하는 것이 바로 사랑입니다. 이는 사랑하는 것을 행해야 한다는 말입니다. 의무는 사랑과 결합해야 합니다. 우리가 해야 할 것을 기꺼이 해야 한다는 것이지요. 이런 성향은 우리가 적절한 방법으로 아이들을 지도할 때만 올바르게 계발됩니다. 그러므로 우리는 초, 중등 과정 전반에 걸쳐서 올바른 방식으로 아름다움에 대한 감각을 양성하도록 주의를 기울여야 합니다. 진실 감각은 특정한 의미에서 아이가 이미 지니고 있습니다. 미적 감각은 제가 설명한 대로 우리가 교육을 통해 키워 주어야 합니다.

21.   아이들이 특정한 방식으로 진실 감각을 가지고 우리에게 온다는 것은 그 이전에 이미 말하기를 배웠다는 데에서 알아볼 수 있습니다. 말 속에는 진실이, 인식이 특정한 의미에서 구체화되어 들어 있습니다. 세계에 대한 진실을 규명할 때 우리는 언제나 언어에 의거하는 수밖에 없습니다. 그래서 마우트너[01] 같은 사람들이 언어 속에 이미 모든 것이 들어 있다고 믿은 것입니다. 『언어 비평에 관한 논설』을 저술한 마우트너는 말을

---

01 프리츠 마우트너Fritz Mauthner(1849-1923)_『언어 비평에 관한 논설 Beiträge zu einer Kritik der Sprache』(1901/02)

배우는 나이대에서 벗어나도록 하는 것은 인간을 부당하게 취급하는 것이라고 실제로 믿었습니다. 마우트너가 『언어 비평에 관한 논설』을 쓴 이유는 세상을 믿어서가 아닙니다. 인간은 어린 상태에, 더 정확히 말해 말을 배우는 중인 상태에 머물러야 한다고 믿었기 때문입니다. 이런 생각이 보편화되면, 사람들 모두 말하기를 배우는 아이 같은 정신을 지니게 된다고 믿은 것입니다. 그런 사고방식은 말을 배우는 중인 어린이 같은 단계에 있는 사람을 만들어 내려는 경향이 있습니다. 다른 모든 것은 천진하지 않다는 등 이유를 들어 거부합니다.

22.   중점은, 우리가 모방 개념의 본질을 철저하게 느끼는 것입니다. 그리고 권위자로서 우리와 아이 사이에 어떻게 미적 감각이 생겨나는지 권위의 개념에서 알아보는 것입니다. 성적으로 성숙해지는 나이까지 그렇게 하면, 아이들이 이상을 향하는 성향에 익숙해지면서 올바른 방식으로 선에 대한 감각을 양성합니다. 사춘기가 될 때까지 아이들은 우리한테 기대어 선을 행해야 합니다. 그 시기까지는 우리와의 관계를 통해서 선을 행하도록 배려해야 합니다. 대략 11, 12, 13세 아이들

은 선을 행할 때 자기 뒷전에 교사나 교육하는 사람의 권위가 든든하게 지키고 있다고 느낄 수 있어야 합니다. 선을 행하는 순간에 교사를 만족스럽게 만든다고 느낄 수 있어야 합니다. 나쁜 짓을 하면, 누군가가 어디인지 알 수 없는 방향에서 불만족해 하면서 다가온다고 느껴야 합니다. 이런 느낌이 있기 때문에 나쁜 짓을 하지 않습니다. 교사가 어딘가에서 지켜보고 있다고 느껴야 합니다. 그런 식으로 아이가 교사와 한 몸이 됩니다. 교육을 담당하는 권위자에게서 떨어져 나가 독자적으로 되는 것은 사춘기에 비로소 가능합니다.

23. 아이들이 말을 배우는 시기에 가능한 한 독자적으로 판단을 내리도록 하고, 학교에 들어왔으니 충분히 성숙해졌다는 생각으로 가르친다면, 이는 모든 것을 관찰에 근거해서 가르친다는 의미입니다. 그렇게 하면 아이들이 말을 배우는 시점의 발달 상태에 머물게 됩니다. 계속 발달하지 못하도록 하는 격입니다. 사춘기 청소년은 정말로 변화 과정을 거칩니다. 어떤 것을 벗어냅니다. 우리가 그 이전에 먼저 권위에 익숙해지도록 가르쳤기 때문입니다. 이 사실을 간과하면, 아이들은 더 나아갈 수 없습니다. 극복할 권위자가 없기 때문입니

다. 극복하기 전에 먼저 권위자가 있다는 것을 느껴야 합니다. 그 다음에 사춘기가 되면 권위자에 대한 느낌을 벗어 내고 자신의 판단을 찾습니다.

24.   아이들은 예외 없이 자신의 영웅을 선택합니다. 그리고 그 영웅을 모범으로 삼아 올림포스산을 정복하고자 합니다. 우리는 이 관계를 진심으로 인정해야 합니다. 누군가의 모범이 된다는 것은 물론 온갖 거북한 것과 연결되어 있습니다. 우리는 언제나 자연스럽게 아이들을 위한 이상으로 머물 능력이 되지 못합니다. 그렇게 되고자 노력하는 수밖에 없습니다. 사춘기 이전에는 명령할 수 있습니다. 사춘기에 들어서면 아이들이 민감해지고, 교육을 담당하는 어른이나 교사가 얼마나 완벽하지 못한지 금세 눈치챕니다. 교사 스스로 해서는 안 되는 것에 대해 아이들이 민감하게 반응한다는 위험에 의식적으로 우리를 내맡겨야 합니다. 그런데 이기적 의도에서가 아니라 아이들과 진심으로 교감하는 차원에서라면, 바로 이 교감 가능성에 맞추어서 교육하게 됩니다. 이렇게 하면, 유전된 선물처럼 정신세계에서 받은 진실에 올바른 방식으로 익숙해지고, 아름다움과 올바른 방식으로 하나 되어 성장합니다. 감

각적 현존 세계에서 뚜렷한 형태로 주조해야 할 선함을 배우게 됩니다. 요즘 사람들은 진, 선, 미에 관해 끝없이 이야기합니다. 그런데 진, 선, 미가 인생의 각 나이대와 어떤 관계에 있는지는 구체적으로 주시하지 않습니다. 순전히 추상적 의미에서만 이야기합니다. 바로 이것이 부도덕이며 악입니다.

25. 사랑하는 여러분, 단 며칠 동안에 이런 주제를 다루어야 하는 상황이라 우리가 실제로 접근해야 할 것에 관해서는 작은 단면만 제시할 수 있었습니다. 우리는 주어진 과제를 천천히, 차근차근 배워서 알아보고 익숙해지는 수밖에 없습니다. 그런데 육체적-감각적인 모든 것을 정신적-영적 관점에서 고찰할 때, 언제나 인간을 주시하며 세계를 고찰할 때 획득되는 힘을 근거로 주제에 다가서면, 특정 방식으로 저절로 그런 과제에 익숙해집니다. 이는 특히 청소년 교육을 떠맡은 사람으로서 우리가 반드시 실행해야 하는 것입니다. 그렇게 할 때 무엇보다 필수적인 것은 인류 발달이 커다란 역할을 하는 세계 전체의 한 부분으로서 우리 자신을 느끼는 것입니다.

26. 그런 까닭에 저는 늘 기원합니다. 우리가 그렇게 느

끼는 것이 신학기에 상급반을 개설하는 중대한 과제에 대한 올바른 정서로 관통되기를, 우리가 인류 발달의 선교자로서 완전히 겸허한 자세로 그 과제에 헌신한다고 느끼기를. 이런 의미에서 또한 기원합니다. 단순하게 지성적인 것이 아니라 생생하게 살아 있는 것으로서 우리 위에 울리는 정신을 향해 기도하듯, 우리 스스로 고양되는 것과 같은 것이 이런 기회가 있을 때마다 제가 말하는 것에 들어 있기를.

27.   또한 기원합니다. 영혼과 정신으로 가득한, 생생하게 살아 있는 구름처럼 정신적인 것이 우리 사이에 널리 퍼져 있다는 것을 여러분이 의식하고 알아보기를. 신학기가 시작할 때 우리가 서로 말하는 것을 통해 생생한 정신들 자체가 불러내진다는 것을 여러분이 느끼기를. 생생한 정신들 자체가 불러내질 것이라고, 그들에게 부탁할 것이라고. "우리를 도우소서! 생생한 정신성을 우리에게 내려 주소서! 올바른 방식으로 일을 하도록 우리 영혼과 마음에 정신성을 뿌려 주소서!"

28.   신학기에 출발점으로 삼는 것이 느낌의 체험이 되어야 한다는 사실을 여러분이 감지하면, 이 연속 강의에 연결된 의도를 감지하게 될 것입니다. 그러므로 다음과

같은 짤막한 명상 소재로 이 고찰을 마무리하고자 합
니다.

29. "우리는 일하고자 하니, 정신세계에서 나와 영적-정
    신적 방식으로, 또한 신체적-육체적 방식으로 우리 내
    면에서 인간이 되고자 하는 것이 우리 일에 흘러들게
    하며."

루돌프 슈타이너의 생애와 작업

1861 2월 27일 오스트리아 남부 철도청 소속 공무원의 아들로
크랄예베치(지금은 크로아티에 속함)에서 태어남.
오스트리아 동북부 출신의 부모 밑에서 오스트리아의
여러 지방에서 유년기와 청소년기를 보냄

1872 비너 노이슈타트 실업계 학교에 입학해 1879년 대학
입학 전까지 수학

1879 빈 공과 대학에 입학. 수학과 자연 과학을 비롯하여 문학,
철학, 역사를 공부하고 괴테에 관한 기초 연구 시작

1882 최초의 저술 활동 시작

1882~1897 요세프 퀴르쉬너가 주도하는 <독일 민족 문학 전집>
에서 괴테의 자연 과학 논문에 서문과 주해를 덧붙이는
일을 맡아 『괴테의 자연 과학 저술에 대한 도입문과
주석』 5권(GA1a~e) 발간

1884~1890 빈의 한 가정에서 가정 교사로 생활

1886 바이마르 '소피'판 괴테 작품집 발간에 공동 작업자로
초빙. 『실러를 각별히 고려한 괴테 세계관의 인식론 기본
노선들』(GA2)

1888 빈에서 <독일 주간지> 발간. 빈의 괴테 회에서 강연
『인지학의 방법론적 근거: 철학, 자연 과학, 미학과 영혼학에
관한 논설집』(GA30)

1890~1897 바이마르에 체류하면서 괴테/실러 문서실에서 공동
작업. 괴테의 자연 과학 저작물 발간

1891 로스토크 대학에서 철학 박사 학위를 취득하고 이듬해에
박사 학위 논문 증보판 출판. <진실과 과학: 『자유의 철학』
서곡>(GA3)

1894 『자유의 철학: 현대 세계관의 근본 특징, 자연 과학적 방법에
따른 영적인 관찰 결과』(GA4)

1895 『프리드리히 니체, 시대에 저항한 전사』(GA5)

1897 『괴테의 세계관』(GA6) 베를린으로 거주지를 옮기고
오토 에리히 하르트레벤과 함께 <문학 잡지>와
<극 전문지>(GA29~32) 발행. '자유 문학 협회',
'기오르다노 브르노 연맹', '미래인' 등에서 활동

1899~1904 빌헬름 리프크네히트가 세운 베를린 '노동자 양성 학교'
에서 교사로 활동

1900~1901 『19세기의 세계관과 인생관』 집필.(1914년 확장판으로
『철학의 수수께끼』(GA18) 발표) 베를린 신지학 협회
초대로 <인지학> 강의 『근대 정신생활 여명기의 신비학,
그리고 현대 세계관에 대한 그 관계』(GA7)

1902~1912 <인지학>을 수립하고 정기적인 공개 강연(베를린)
과 유럽 전역을 대상으로 하는 강의 활동 시작. 지속적인
협력자로 마리 폰 지버스(1914년 슈타이너와 결혼, 이후
마리 슈타이너)를 만남

1902	『신비적 사실로서 기독교와 고대의 신비 성지』(GA8)
1903	잡지 <루시퍼>(GA34, 나중에 <루시퍼-그로노스>로 바꿈) 창간
1904	『신지학: 초감각적 세계 인식과 인간 규정성에 관하여』(GA9)
1904~1905	『고차 세계의 인식으로 가는 길』(GA10), 『아카샤 연대기에서』(GA11), 『고차 인식의 단계』(GA12)
1909	『신비학 개요』(GA13)
1901~1913	뮌헨에서 『네 편의 신비극』(GA14) 초연
1911	『인간과 인류의 정신적 인도』(GA15)
1912	『진실의 힘으로 빚어 낸 말들』(GA40) 『인간 자아 인식으로 가는 하나의 길』(GA16)
1913	신지학 협회와 결별. 인지학 협회 창립. 『정신세계의 문지방』(GA17)
1913~1922	첫 번째 괴테아눔(목재로 된 이중 돔형 건축물로 스위스 도르나흐에 있는 인지학 본부) 건축
1914~1923	도르나흐와 베를린에 체류하면서 유럽 전역을 순회하며 강의 및 강좌 활동. 이를 통해 예술, 교육, 자연과학, 사회생활, 의학, 신학 등 수많은 영역에서 쇄신이 일어나도록 자극. 동작 예술 오이리트미(Eurythmie, 1912년 마리 슈타이너와 함께 만듦)를 발전시키고 교육
1914	『인간의 수수께끼에 관하여』(GA20) 『영혼의 수수께끼에 관하여』(GA21) 『<파우스트>와 <초록뱀과 아름다운 백합>을 통해

드러나는 괴테의 정신성』(GA22)

1919 남부 독일 지역에서 논문과 강의를 통해 '사회 유기체의 삼지적 구조' 사상을 주장. 『현재와 미래 생활의 불가피한 사항에 있어서 사회 문제의 핵심』(GA23), 『사회 유기체의 삼지성과 시대 상황(1915~1921)에 대한 논설』(GA24). 같은 해 10월에 슈투트가르트에 죽을 때까지 이끌어 가는 '자유 발도르프학교' 세움

1920 제1차 인지학 대학 강좌 시작. 아직 완성되지 않은 괴테아눔에서 예술과 강의 등 행사를 정기적으로 개최

1921 본인의 논문과 기고문을 정기적으로 싣는 주간지 <괴테아눔>(GA36) 창간

1922 『우주론, 종교 그리고 철학』(GA25). 12월 31일 방화로 괴테아눔 소실(이후 콘크리트로 다시 지을 두 번째 괴테아눔의 외부 형태 설계)

1923 지속적인 강의와 강의 여행. 성탄절에 '인지학 협회'를 '일반 인지학 협회'로 재창립

1923~1925 미완의 자서전 『내 삶의 발자취』(GA28) 및 『인지학적 기본 원칙』(GA26) 그리고 이타 베그만 박사와 함께 『정신과학적 인식에 따른 의술 확장을 위한 기초』(GA27)를 집필

1924 강의 활동을 늘리면서 수많은 강좌 개설. 유럽에서 마지막 강의 여행. 9월 28일 회원들에게 마지막 강의. 병상 생활 시작

1925 3월 30일 도르나흐에 있는 괴테아눔 작업실에서 눈을 감다.

옮긴이의 글

이 연속 강의는 최초의 발도르프학교 건립 3년 차인 1921년 고등부 신설을 계기로 이루어졌다. 그런데 특이하게도 고등부 각 과목의 구체적 방법론은 거의 다루어지지 않는다. 전반부는 개교 이후 학교 상황을 돌아보며 교육의 보편적 사항이 이야기되고, 후반부는 교사의 세계관과 의향에 역점이 있다. 그 사이사이에 사춘기 청소년의 전형적 태도가 생겨나는 원인을 인지학적 인간학의 관점에서 고찰하고 10학년 교과 과정을 약간 건드리는 데 그친다.

　　한편으로 이는 한국 상황으로 인해 많든 적든 대학 입시를 염두에 두지 않을 수 없는 고등부 교사의 짐을 덜어주는 것이 될 수도 있다. 왜냐하면 어떤 주제를 언제 어떻게 다루어야 한다는 말이 없으니 교사가 재량껏 수업을 구성할 수 있기 때문이다. 다른 한편으로는 오늘날 대학 교육의 저변에 자연 과학적 사고 방식이 철저하게 깔려있는바 그와 모순되는 듯이 보이는 것을 탐구할 능동적 의지가 없는 한 인지학적 정신과학을 받아들여 생활의 화두로 삼는 게 거의 불가능하기 때문에 교사에게 대단히 힘든 것을, 어찌 보면 도저히 극복할 수 없는 것을 요구한다고도 볼 수 있다.

번역하는 내내 이 연속 강의가 —특히 여섯 번째 강의부터— 그 1년 후인 1922년 가을에 청년들을 위해 행한 교육학 강의[01]의 서곡 같다는 느낌이 들었다. 그 강의만큼 포괄적이고 복합적이진 않다 해도 이 연속 강의에서 루돌프 슈타이너는 오로지 물질에 집중하는 자연 과학으로 인해 너무 일방적으로 된 세계관으로는 육체뿐 아니라 생명과 영혼과 정신으로 이루어진 인간을 교육할 수 없다는 것을 다양한 방식으로 그리스 시대와 비교해서 이야기한다. 그리스인은 흙, 물, 공기, 불이라는 4요소를 질적으로 파악해서 에테르체의 활동성을 유의한 반면 현대 자연 과학은 수많은 원소를 발견하기는 해도 그저 죽은 물질로만 다루고, 그것을 근거로 세계관까지 형성한다는 말에 최근 전 세계적 문젯거리가 되고 있는 원소 하나가 옮긴이 마음속에 떠올랐다.

그것은 바로 탄소CO_2다.

---

01 『젊은이여, 앎을 삶이 되도록 일깨우라!』GA217 (밝은누리 출판사, 2013)

한국은 어떤지 모르겠는데 최근 독일에는 '마지막 세대'[02]라는 조직의 젊은이들이 고속 도로나 시내 도로에 강력 접착제로 손을 붙이고 앉아서 교통을 마비시키는 경우가 자주 있다. 그들은 탄소 증가에 따른 지구 온실 효과로 기후가 변화해 곧 인류가 멸망할 것이라 하며 생활의 편의를 도모하는 자동차나 비행기 뿐 아니라 화석 연료를 이용하는 산업도 모두 포기해야 한다고 주장한다. 응급차가 통과하지 못해 환자가 사망하는 사례까지 생기는 등 사실은 대단히 위험한 반사회적 행위임에도 처벌은 커녕 이 조직의 의견에 맞추어 법을 개정하는 지자체가 생기는 상황이다. 그런데 이에만 그치는 게 아니다. 인간은 탄소를 증가시켜 지구 멸망을 재촉하는 존재일 뿐이니 자식을 낳지 않겠다고 결정하는 젊은이들이 속출하는 판국이다. 루돌프 슈타이너가 100여 년 전에 한 다음과 같은 말이 지구를 구제하기 위해 자식도 포기하겠다는 젊은이들의 무의식적 영혼 상태를 그대로 반영하는 듯하다.

"… 서로 합성하거나 분해되는 70여 가지 화학 원소에서 세계가 생겨났다는 것을 믿으라고 하면, 그리스인은 내적으로 다음과 같이 느낄 것입니다. "만일 그렇다면 인간은 분해되어 먼지가 될 수밖에 없는 존재일 것이다." … "합성되거나 분해되는 70여

02 Last Generation_https://en.wikipedia.org/wiki/Letzte_Generation

가지 원소로 이루어진 세상에서 인간이 과연 무엇을 해야 하는가? 그 모든 것이 도대체 무엇이란 말인가? 세계는 혼자 잘 놀면서 거대한 케이크를 만들고 싶어 하는데, 그렇다면 그곳에서 인간은 과연 무엇을 해야 하는가? 어떤 방에 거대한 증류기를 설치해서 온갖 원소를 집어넣어 끓인 다음에 증류기 뚜껑을 열고 소금과 산 등이 부글거리는 용액 속에 인간을 밀어 넣는 것이나 똑같다." 대략 이런 생각이 70여 가지 원소로 세계가 형성된 것이라고 말할 때 떠오를 것입니다. …"[03]

　　요즘에는 서양의 특정 권력 조직이 인정하는 과학자의 이론만 진실로 인정된다. 그런 과학자들이 탄소, 특히 '인간이 만들어내는 탄소'가 인류 생존을 위협할 정도로 기후에 영향을 미친다 하니 전 세계 국가들은 '저탄소 산업 정책'을 펼치고 각 분야마다 탄소 감량을 위해 총력을 기울인다. 매스 미디어와 소셜 미디어의 영향으로 일반인들도 기온이 평년에 비해 조금만 높아도, 어디서 집중 호우가 일어나도, 태풍이 조금 빠르거나 늦어도 모두 탄소 증가로 인한 기후 변화를 탓한다. 정말로 기후 변화가 그렇게 치명적으로 일어나는지, 그 원인이 정말로 탄소인지 아무도 물어보지 않는다. 아니다. 그런 질문을 하고 이의를 제기하는 과학자도 많이 있다. 그런데 공개적으로 그렇게 하면, 즉시 '기후 부정자'라 하는 어불성설의 단어로 낙인 찍혀 학계에서 퇴출당한다. 지난 2020년 이래 '코비드19 조처'에 의문을 품는 사람들을 '코로나 부정자'로 낙인 찍어 사회적으로 생매장한 것처럼 말이다.

인지학에 따르면 기후뿐 아니라 지구 자체가 끊임없이 변화해 왔다. 심지어 태양과 달이 지구와 결합하고 분리되는 등 오늘날 사람들은 도저히 상상할 수 없는 사건을 거쳐왔다. 그런데도 인류는 멸망하지 않고 지금까지 잘 살고 있다. 왜냐하면 지구 발달 자체가 인류 발달이기 때문이다. 인간이 없었다면 현재 지구는 있을 수 없을 것이고, '인간 내부에서 성분과 힘이 새로이 생성되기 때문에 지구가 파멸되지 않는 것'이다.[04] 인간과 지구와 우주가 시간적, 공간적으로 연결되어 함께 발달하고, 그와 더불어 정신세계도 함께 진보한다는 세계관을 지니는 사람은 인류 멸망이 어떤 원소 한 가지에 달려 있다는 식으로 자연 과학적 인과성을 따르는 생각은 하지 않을 것이다.

오늘날에는 모든 것이 그럴듯한 말로 포장되기 때문에 진실과 거짓, 선과 악을 구분하기 대단히 어렵다. 게다가 특정 권력 집단을 통해 기정사실로 제시된 것을 조금이라도 의심하고 다른 의견을 내는 사람은 체계적으로 무시되거나 범죄자로 취급되는바, 진실과 거짓을 구분했다 해도 공개적으로 드러내려면 대단

---

04 이에 관해서는 『인간에 대한 보편적인 앎』GA293 (밝은누리, 2007) 세 번째 강의를 참조하라.

옮긴이의 글

한 용기가 필요한 세상이 되었다. 이런 상황에서 북극성 같은 길잡이 역할을 하고 내적 용기를 북돋는 것이 바로 인지학이다. 인지학적 세계관과 인간관을 깊이 탐구해서 '이 세상에 인간을 들여놓아야 하는 과제의 무게와 난관 전부를 특정한 의미에서 영혼으로 감지할 정도로 교육학과 방법론 전체를 기본적 느낌이 되도록 종합[05]하는 교사진에는 아이들과 함께 기후 변화에 대응하기 위한 탄소 감축 방법 같은 것을 연구해 보겠다는 교사가 자리 잡을 일이 전혀 없을 것이다.

*

작년에 이어 다시 교육학 강의서를 내게 되었다. 푸른씨앗 출판사에, 특히 꼼꼼히 교정을 보신 최수진 님께 고마운 마음을 전한다. 그리고 언제나 그렇듯이 가장 큰 기쁨은 옮긴이의 번역 활동을 가능하게 해 주는 〈루돌프 슈타이너 원서 번역 후원회〉 회원들과 나누고자 한다.

독일 에르푸르트에서
최혜경

---

05 여섯 번째 강의 9문단(168쪽)

함께 읽으면 좋은 ── 푸른씨앗 **책**

7~14세를 위한 교육 예술
루돌프 슈타이너 강의 | **최혜경** 옮김

루돌프 슈타이너의 생애 마지막 교육 강의. 최초의 발도르프학교 전반을 조망한 경험을 바탕으로, 7~14세 아이의 발달 변화에 맞춘 혁신적 수업 방법을 제시한다. 생생한 수업 예시와 다양한 방법으로 교육 예술의 개념을 발전시켰다. 전 세계 발도르프학교 교사들의 필독서이자 발도르프 교육에 대한 최고의 소개서

127×188 | 280쪽 | 20,000원

신지학_ 초감각적 세계 인식과 인간 규정성에 관하여
루돌프 슈타이너 저술 | **최혜경** 옮김

인지학을 이해하는 기본서로 꼽힌다. "감각에 드러나는 것만 인정하는 사람은 이 설명을 본질이 없는 공상에서 나온 창작으로 여길것이다. 하지만 감각 세계를 벗어나는 길을 찾는 사람은, 인간 삶이 다른 세계를 인식할 때만 가치와 의미를 얻는 다는 것을 머지않아 이해하도록 배운다."_책 속에서

127×188 | 304쪽 | 20,000원

죽음, 이는 곧 삶의 변화이니!
루돌프 슈타이너 강의 | **최혜경** 옮김

세계 대전이 막바지에 접어든 1917년 11월부터 1918년 10월까지 루돌프 슈타이너가 독일과 스위스에서 펼친 오늘날 현실과 직결되는 주옥같은 강의. 근대에 들어 인류는 정신세계에 대한 구체적인 관계를 완전히 잃어버렸지만, 어떻게 정신세계가 여전히 인간 사회에 영향을 미치는지를 보여 준다.

127×188 | 760쪽 | 35,000원 | 양장본
e북

청소년을 위한 발도르프학교의 문학 수업_ 자아를 향한 여정

데이비드 슬론 지음 ㅣ 하주현 옮김

 청소년들이 완전히 달라졌다고 생각하지만 이들의 내면은 본질적으로 별로 달라지지 않았다. 청소년기에 내면에서 죽고 태어나는 것은 무엇인가? 9~12학년까지 극적인 의식 변화의 특징을 소개하며, 사춘기의 고뇌와 소외감에서 벗어나 자아 탐색의 여정에 들어설 수 있도록 힘을 주는 문학 작품을 소개한다.

150×192 ㅣ 288쪽 ㅣ 20,000원

청소년을 위한 발도르프학교의 연극 수업

데이비드 슬론 지음 ㅣ 이은서·하주현 옮김

 연극은 청소년들의 상상력을 살아 움직이게 한다. 또한 연극을 만드는 과정은 예술 작업인 동시에 진정한 공동체를 향한 사회성 훈련이기도 하다. 연극 수업뿐 아니라 어떤 배움을 시작하든 학생들이 수업에 몰입할 수 있도록 도와주는 교육 활동 73가지를 담았다.

150×193 ㅣ 308쪽 ㅣ 18,000원

파르치팔과 성배 찾기

찰스 코박스 지음 ㅣ 정홍섭 옮김

 18살 시절 나는 무엇을 하고 있었나? 내가 누구인지, 이 세상에서 해야 할 일이 무엇인지 알고자 나는 무엇을 하고 있었던가? 1960년대 중반 에든버러의 발도르프학교에서, 자아가 완성되어 가는 길목의 학생들에게 '파르치팔' 이야기를 문학 수업으로 재현한 이야기

150×220 ㅣ 232쪽 ㅣ 14,000원

e북 오디오북

발도르프학교의 미술 수업_ 1학년에서 12학년까지
마그리트 위네만 · 프리츠 바이트만 지음 ㅣ 하주현 옮김

독일 발도르프학교 연합 미술 교사 세미나에서 30년에 걸쳐 연구한 교과 과정 안내서. 담임 과정(1~8학년)을 위한 회화와 조소, 상급 과정(9~12학년)을 위한 흑백 드로잉과 회화에 대한 설명과 예술 작품, 괴테의 색채론을 발전시킨 루돌프 슈타이너의 색채 연구를 만날 수 있다.

188×235 ㅣ 272쪽 ㅣ 30,000원

발도르프학교의 수학_ 수학을 배우는 진정한 이유
론 자만 지음 ㅣ 하주현 옮김

아라비아 숫자보다 로마 숫자로 산술 수업을 시작하는 것이 좋다. 사칙 연산을 통해 도덕을 가르친다. 사춘기 시작과 일차 방정식은 무슨 상관이 있을까? 40년 동안 발도르프학교에서 수학을 가르친 저자가 수학의 재미를 찾아 주는, 통찰력 있고 유쾌한 수학 지침서

165×230 ㅣ 400쪽 ㅣ 25,000원
e북

살아있는 지성을 키우는 발도르프학교의 공예 수업
패트리샤 리빙스턴 · 데이비드 미첼 지음 ㅣ 하주현 옮김

공예 수업은 '의지를 부드럽게 깨우는 교육'이다. '의지'는 사고와 연결된다. 공예 수업을 통해 아이들은 명확하면서 상상력이 풍부한 사고를 키울 수 있다. 30년 가까이 공예 수업을 한 교사의 통찰을 바탕으로 발도르프학교의 1~12학년 공예 수업을 만날 수 있는 책

150×193 ㅣ 308쪽 ㅣ 25,000원

인생의 씨실과 날실
베티 스텔리 지음 ㅣ 하주현 옮김

너의 참모습이 아닌 다른 존재가 되려고 애쓰지 마라. 한 인간의 개성을 구성하는 요소인 4가지 기질, 영혼 특성, 영혼 원형을 이해하고 인생 주기에서 나만의 문명으로 직조하는 방법을 모색해 본다. 미국 발도르프 교육 기관에서 30년 넘게 아이들을 만나 온 저자의 베스트셀러

150×193 ㅣ 336쪽 ㅣ 25,000원

12감각_ 루돌프 슈타이너의 인지학 입문
알베르트 수스만 강의 ㅣ 서유경 옮김

인간의 감각을 신체, 영혼, 정신 감각으로 나누고 12감각으로 분류한 루돌프 슈타이너의 감각론을 네덜란드 의사인 알베르트 수스만이 쉽게 설명한 6일 간의 강의. 감각을 건강하게 발달시키지 못한 오늘날 아이들과 알 수 없는 고통과 어려움에 시달리는 어른들을 위한 해답을 찾을 수 있다.

150×193 ㅣ 392쪽 ㅣ 28,000원

푸른꽃
노발리스 지음 ㅣ 이용준 옮김

유럽 문학사에 큰 영향을 준 이 작품은 음유 시인 하인리히 폰 오프터딩겐이 시인이 되기까지의 여정을, 동화라는 형식을 통해 표현한 작품으로 시와 전래 동화의 초감각적 의미를 밝히고 있다. 세월을 뛰어넘는 상상력의 소유자, 노발리스 탄생 250주년에 『푸른꽃』 원전에 충실한 번역으로 펴냈다.

140×210 ㅣ 280쪽 ㅣ 16,000원

최혜경 www.liilachoi.com

본업은 조형 예술가인데 지난 20년간 인지학을 공부하면서 루돌프 슈타이너
의 책을 번역하고 있다. 쓸데없는 것에 관심이 많은 사람이라 그림 그리고 번
역하는 사이사이에 정통 동종 요법을 공부해 왔다.

번역서_ 『자유의 철학』, 『발도르프학교와 그 정신』, 『교육 예술 1, 인간에 대한
보편적인 앎』, 『교육 예술 2, 발도르프 교육 방법론적 고찰』, 『교육 예
술 3, 세미나 논의와 교과 과정 강의』, 『발도르프 특수 교육학 강의』,
『사회 문제의 핵심』, 『사고의 실용적인 형성』, 『인간과 인류의 정신
적 인도』, 『젊은이여, 앎을 삶이 되도록 일깨우라!』 밝은누리
　　　『천사는 우리의 아스트랄체 속에서 무엇을 하는가?』, 『어떻게 그리
스도를 발견하는가?』, 『죽음, 이는 곧 삶의 변화이니!』, 『인간 자아
인식으로 가는 하나의 길』, 『꿀벌과 인간』, 『신지학』, 『내 삶의 발자
취』, 『7~14세를 위한 교육 예술』 도서출판 푸른씨앗
저　서_ 『유럽의 대체 의학, 정통 동종 요법』 북피아

재생 종이로 만든 책

푸른씨앗은 친환경 종이에 콩기름 잉크로 인쇄하여 책을 만듭니다.

겉지	한솔제지 인스퍼에코 210g/m²
속지	전주 페이퍼 Green-Light 80g/m²
인쇄	(주) 도담프린팅 l 031-945-8894
글꼴	윤서체_ 윤명조 700_ 10.2pt
책 크기	127×188

이 책의 표지에는 〈Yoon 윤명조 700, Yoon 윤고딕 700, 나눔바른고딕, DX시인과 나, DX별과그대〉
내지에는 〈DX시인과 나, Kozuka Gothic Pro, Minion PRo, Yoon 윤명조 700, DX명조, 윤명조 320,
Yoon 윤고딕 700, 윤고딕 145, 윤고딕 125,, 나눔고딕, 나눔바른고딕〉 서체를 사용했습니다.